# A ESTRATÉGIA DA INOVAÇÃO RADICAL

CARO LEITOR,

Queremos saber sua opinião sobre nossos livros.

Após a leitura, curta-nos no facebook/editoragentebr,
siga-nos no Twitter @EditoraGente e no Instagram
@editoragente e visite-nos no site www.editoragente.com.br.
Cadastre-se e contribua com sugestões, críticas ou elogios.

*Boa leitura! #LivrosFazendoGente*

PEDRO WAENGERTNER

# A ESTRATÉGIA DA INOVAÇÃO RADICAL

COMO QUALQUER EMPRESA PODE **CRESCER** E **LUCRAR** APLICANDO OS PRINCÍPIOS DAS ORGANIZAÇÕES DE PONTA DO **VALE DO SILÍCIO**

**Diretora**
Rosely Boschini

**Gerente Editorial**
Carolina Rocha

**Analista de Produção Editorial**
Karina Groschitz

**Assistentes Editoriais**
Audrya de Oliveira e Franciane Batagin

**Controle de Produção**
Fábio Esteves

**Preparação**
Sirlene Prignolato

**Projeto Gráfico, Diagramação e Ilustrações do Miolo**
Fabio Oliveira | EstudioSuburbano

**Revisão**
Leonardo do Carmo

**Capa**
Ronaldo Alves

**Impressão**
Gráfica Eskenazi

Copyright © 2018 by Pedro Waengertner
Todos os direitos desta edição são reservados à Editora Gente.
Rua Wisard, 305 — sala 53
São Paulo, SP — CEP 05434-080
Telefone: (11) 3670-2500
Site: www.editoragente.com.br
E-mail: gente@editoragente.com.br

---

DADOS INTERNACIONAIS DE CATALOGAÇÃO NA PUBLICAÇÃO (CIP)
Angélica Ilacqua CRB-8/7057

---

Waengertner, Pedro

A estratégia da inovação radical : como qualquer empresa pode crescer e lucrar aplicando os princípios das organizações de ponta do Vale do Silício / Pedro Waengertner. -- São Paulo : Editora Gente, 2018.

256 p.

ISBN 978-85-452-0269-1

1. Negócios 2. Sucesso nos negócios 3. Administração de empresas 4. Estratégias I. Título

18-0931                                                              CDD 650.1

---

Índices para catálogo sistemático:
1. Sucesso nos negócios

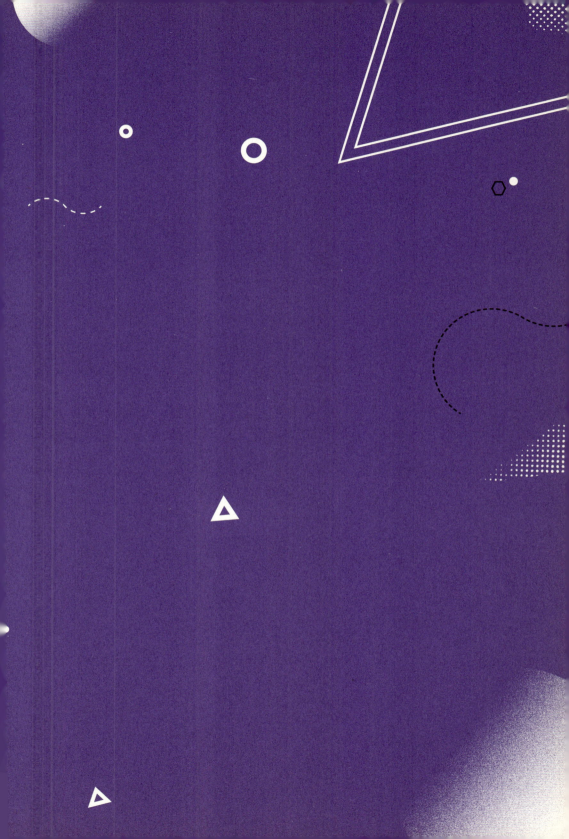

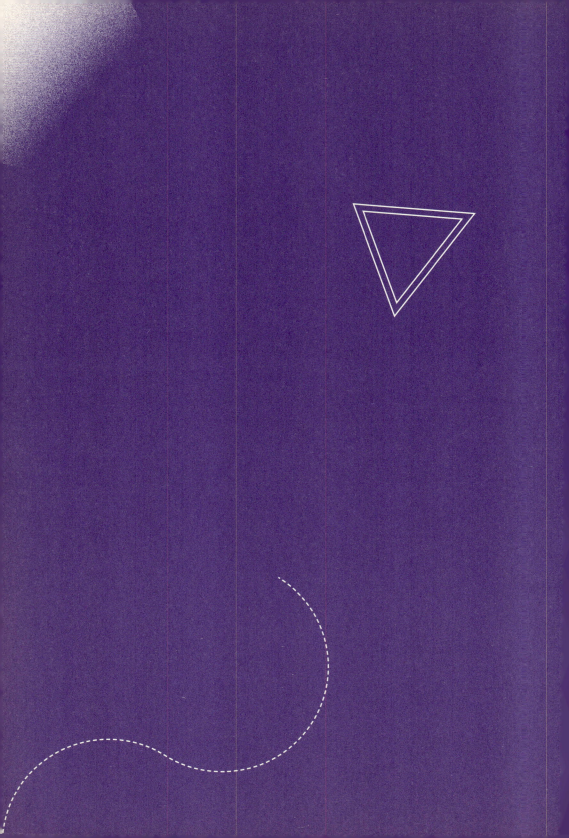

Dedico este livro a todos os empreendedores e intraempreendedores que trabalham diariamente para impactar e transformar positivamente nosso país por meio de seus negócios.

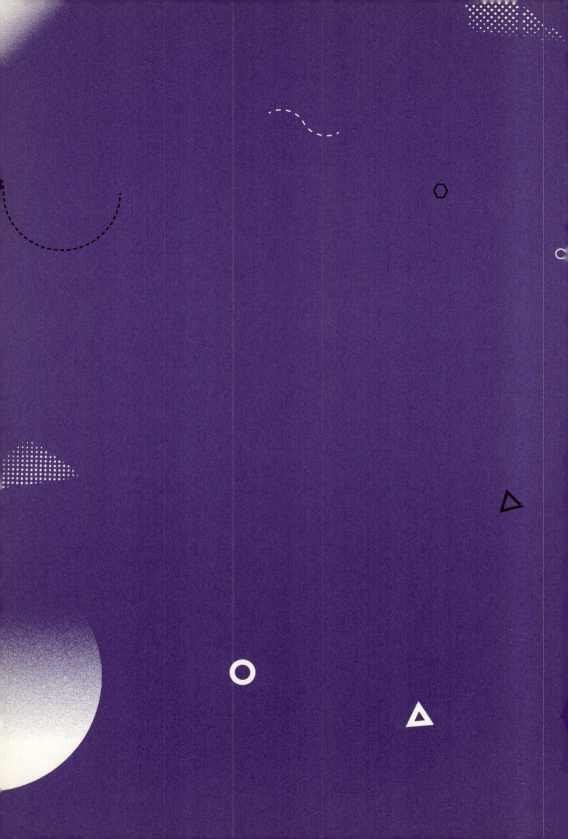

## AGRADECIMENTOS

Agradeço a todos que me ajudaram a completar este trabalho.

Ju e Digo, minha família, obrigado pela paciência e inspiração ao longo destes meses.

Carolina Rocha, obrigado pela parceria e ajuda na edição e revisão.

Gabriel Ferreira, obrigado na reta final deste projeto.

Mike Ajnsztajn e Arthur Garutti, meus sócios, obrigado por comprarem o projeto de escrever o livro e pela tolerância com a minha performance nos últimos meses antes do lançamento. Sulivan Santiago, Luis Gustavo Lima, Felipe Collins e Jose Gutierrez, meus novos sócios, valeu pela compreensão! Victor Navarrete, muito obrigado pelos debates e pela ajuda.

Frederico Trajano, André Fatala, Ana Herzog, Harriet Pearson, Lucas Batista, Fernando Moulin, Rodrigo Sato, Guto Matos, Bruno Loretto, Moacir Marafon, Italo Flammia, Almir Silva, obrigado pela generosidade e apoio com o levantamento de dados.

Gustavo Caetano, obrigado pela indicação da Editora Gente. Rosely Boschini, obrigado por ter me acolhido tão bem.

# SUMÁRIO

| | | |
|---|---|---|
| Prefácio | Nossa missão é gerar riqueza para todos | 12 |
| | Introdução | 16 |
| Capítulo 1 | A inovação só é possível jogando no ataque | 26 |
| Capítulo 2 | As revoluções de mercado | 42 |
| Capítulo 3 | Jogando no ataque | 60 |
| Capítulo 4 | Inovação é uma questão de design organizacional | 78 |
| Capítulo 5 | Gestão ágil | 100 |
| Capítulo 6 | O cliente no centro da equação | 122 |
| Capítulo 7 | Pense como um investidor | 136 |

| | | |
|---|---|---|
| Capítulo 8 | **Mate seu próprio negócio** | **158** |
| Capítulo 9 | **Trabalhe com parceiros para ganhar velocidade** | **176** |
| Capítulo 10 | **Colocando tudo para funcionar** | **194** |
| Capítulo 11 | **Vendendo a necessidade de inovação dentro de casa** | **210** |
| Capítulo 12 | **Capacitando a equipe para a nova realidade** | **226** |
| Conclusão | **Este é seu ponto de partida** | **242** |
| | **Notas** | **247** |
| | **Referências bibliográficas** | **253** |

# PREFÁCIO

# NOSSA MISSÃO É GERAR RIQUEZA PARA TODOS

**N**AS rodas de conversa, no noticiário e em todo lugar que olhamos, inovação e tecnologia são temas recorrentes. E não poderia ser diferente. À medida que o conhecimento humano se acumula e novas possibilidades e metodologias surgem, a maneira de fazer e desenvolver os negócios se transforma no mundo todo. Disrupção, agilidade, impacto social e resultados se tornam as bases para as empresas que querem manter-se ou tornar-se relevantes não apenas local, mas globalmente.

A consequência disso é que, enquanto nação, ficamos diante de duas possibilidades: ou desenvolvemos uma nova cultura no Brasil para estarmos muito inseridos nessa nova era ou ficaremos para trás do bonde da história com consequências econômicas muito negativas para o país.

### Qual o nosso papel como empreendedores e empresários?

Senti na pele a necessidade de me envolver cada vez mais com o universo da inovação e não apenas entender como acontecem todas essas transformações que chocam com os modelos que por tanto tempo seguimos, mas, principalmente, participar desta revolução tecnológica e suas consequências. Somente mergulhando nessa nova mentalidade conseguiremos colocar em prática o que acredito ser a nossa missão: colaborar com esse processo de desenvolvimento de modo sistêmico e ajudar na criação de inovações que impulsionem a geração de riqueza para o país.

Esta mentalidade foi o que possibilitou a criação de duas startups das quais sou cofundador. A Smartrips faz isso ajudando a disseminar a mentalidade de dono entre funcionários, reconhecendo, incentivando e remunerando melhor ao mesmo tempo em que reduz custos e ajuda as empresas a poupar com viagens corporativas. O AAA Academy faz uma curadoria de tudo o que está acontecendo de mais importante em tecnologia e inovação no Brasil e no mundo para que, em cinco minutos diários, todos possam conhecer tendências e casos que vão transformar a maneira como vivem e trabalham. Uma oportunidade para que não apenas participem, mas se tornem cada vez mais atores ativos nesta revolução tecnológica.

Por tudo isso, para mim, é um prazer apresentar a obra de Pedro Waengertner. Este empreendedor serial e cofundador da principal aceleradora de startups da América Latina, a ACE, foi muito generoso nesta sua empreitada e coloca nas mãos dos leitores um verdadeiro plano-mestre para quem deseja entender como funciona a estratégia dos negócios que mais crescem no Brasil e no mundo e, principalmente, como essa mesma estratégia pode ser aplicada e adaptada para qualquer empresa, de qualquer porte.

Este é um momento decisivo para todo profissional: o futuro é incerto e você precisa escolher entre uma visão linear ou exponencial. A primeira opção coloca um limite na sua capacidade de crescer, a segunda derruba as barreiras do espaço. O grande problema, no entanto, é que não somos educados a pensar exponencialmente e a lidar com cenários de incerteza, e é por isso que este livro é tão relevante.

Nas próximas páginas, Pedro lhe apresentará os seis princípios da Inovação Radical. São estes os norteadores dos negócios que estão construindo o próprio futuro em vez de apenas reagir e tentar correr atrás do prejuízo quando são engolidos pelas mudanças do mercado. Com base em sua experiência com a aceleração de startups e a construção de postos avançados de inovação dentro de grandes empresas, ele mostra como gestão, liderança e cultura organizacional podem favorecer ou impedir que a inovação aconteça em seu máximo potencial dentro de qualquer negócio – e como fugir dos erros mais comuns nos primeiros passos rumo à inovação.

O segredo para tirar o máximo proveito desta experiência é mergulhar nela sem pré-conceitos e sem medo. Deixe de lado a mentalidade de escassez que norteia a forma como a maioria de nós pensa e mesmo o funcionamento de todos os modelos econômicos. Esta transição não tem de ser uma grande ameaça a tudo o que você construiu ou quer construir. Ao contrário, com a atitude certa, este pode ser um momento de grandes oportunidades.

O mundo ideal não é feito apenas de startups nem só de grandes corporações; a chave para um futuro de abundância é aprender a estabelecer o diálogo entre essas duas estruturas, explorando o que há de melhor em cada um desses modelos e aplicando os aprendizados de maneira consistente, preocupando-se em estabelecer uma corrente de resultados positivos em todas as direções. Este é justamente o convite que Pedro Waengertner nos faz, e eu reforço para que, juntos, possamos transformar nosso país, nossos negócios e nossas vidas radicalmente para melhor.

Excelente leitura!

Grande abraço,

**Ricardo Amorim**
Economista, empresário, apresentador do programa *Manhattan Connection* na *Globo News* e cofundador das startups AAA Academy e Smartrips.

# INTRODUÇÃO

*"Por que você não escreve um livro?"*

**ESTA** pergunta me foi feita por algumas pessoas ao longo dos anos. Sendo um leitor voraz, sempre me preocupei que minha obra não estivesse à altura dos mestres que sempre acompanhei. Minha autocrítica impedia qualquer passo nessa direção. Foi quando li uma dica que mudou o modo como eu pensava no assunto: escreva sobre aquilo que você se interessa. Sobre aquilo a respeito de que você está curioso.

O meu trabalho com startups mudou profundamente a maneira como eu penso em negócios e execução. Já tendo lidado com centenas de empreendedores nos mais diferentes mercados e investido em dezenas deles, aprendi a ser humilde. Aprendi que ter experiência empreendedora é diferente de saber ajudar startups. Também entendi o peso da nossa responsabilidade apoiando esses empreendedores. Estamos falando dos sonhos de pessoas que apostaram tudo em seus projetos.

No meio dessa jornada, a ACE começou a ser procurada por grandes corporações querendo entender como poderiam se tornar mais inovadoras. Nunca imaginei que isso pudesse acontecer. Do dia pra noite fomos chamados por diversas corporações, e nossa resposta inicial foi a criação de programas de aproximação com startups. Embora esses programas gerassem resultados interessantes, entendemos que estávamos lidando com apenas uma parte do processo. A pergunta era outra: Como as empresas poderiam se tornar mais inovadoras?

Com este desafio em mente, montamos uma equipe e criamos uma unidade focada apenas neste desafio chamada ACE Cortex (que quer dizer Corporate to Exponential). Fomos beber na fonte e entender como as empresas de ponta estão inovando. O que faz o Facebook ou a Netflix serem mais inovadores que seus pares do setor? Essa pesquisa me despertou uma grande curiosidade. Comecei a estudar como essas empresas operavam e quais as principais formas de pensar inovação atualmente. Foi uma jornada incrível e que me proporcionou aprendizado como nunca antes na minha carreira.

A partir desse trabalho, passei a enxergar as grandes empresas de um jeito completamente diferente. Dei-me conta de que, ao contrário do que pensa a maioria das pessoas, as empresas de ponta a que me referi anteriormente não inovam por meio da tecnologia. Elas o fazem por meio dos talentos. Elas organizam o trabalho de forma completamente diferente da que estamos acostumados, e replicam a mesma lógica na sua maneira de fazer gestão. Descobri que elas trabalham com vários dos métodos e o modo de pensar de uma startup.

Nessa imersão, entendi que a inovação não é a geração de ideias ou a criação de um departamento. Inovação é uma competência a ser adquirida. Ela tem de fazer parte da forma de trabalhar de uma empresa como o oxigênio faz parte das nossas vidas. E fazer isso acontecer não é algo trivial. Exige uma liderança forte e um grande compromisso com essa transição. No entanto, aprendi que empresas de qualquer setor conseguem caminhar nessa direção. E foi aí que começou a ideia de escrever um livro.

Percebendo tantas empresas buscando formas de se tornarem mais inovadoras e um grande conhecimento espalhado em várias fontes, resolvi juntar os aprendizados que tivemos até agora em um conjunto de princípios que podem ser aprendidos e utilizados por qualquer um. O desafio era trazer esses conceitos de forma simples, com exemplos práticos e sugestões de implementação. Os seis princípios que reuni se propõem a oferecer um menu de opções aos líderes corporativos de qualquer setor ou hierarquia.

Acredito que a inovação deve ser um compromisso da alta gestão, a começar pelo conselho de administração das empresas. Contudo, como nem sempre o conselho é o primeiro a ver essa necessidade, detalhei princípios que podem ser utilizados por lideranças de qualquer nível, desde um coordenador que deseja que seu time trabalhe como uma startup até um CEO que deseja transformar seu negócio.

Durante a pesquisa, percebi que a inovação surge de uma combinação de vários fatores. Algumas das descobertas mais importantes foi o papel do intraempreendedor em qualquer processo de inovação, a necessidade da proteção desse profissional por parte do corpo executivo e o aprendizado de que a forma como desenhamos o negócio tem um impacto decisivo na implantação de qualquer projeto que necessite pensamento diferente do tradicional.

Muitas vezes, o processo na direção da inovação é pouco óbvio e exige coragem dos tomadores de decisão. Percebi a vantagem que as empresas familiares, aquelas empresas de "dono", possuem em relação às demais. Elas conseguem tomar decisões na contramão da busca da eficiência que impera no meio corporativo, pensando na longevidade do negócio. Para esses líderes, seus netos e bisnetos ainda precisarão usufruir do negócio. É fascinante perceber como a visão de longo prazo muda a perspectiva e faz com que a inovação passe a se tornar uma prioridade.

A ansiedade dos executivos é algo que ficou claro logo no início da minha pesquisa. Todos querem inovar e buscam soluções rápidas. Existe uma grande confusão entre o que faz uma empresa parecer mais inovadora e o que realmente traz inovação ao negócio. É fácil se perder entre essas duas coisas quando estamos em busca de respostas.

Nos últimos anos, fomos inundados por métodos e conceitos que associam a inovação a lugares abertos de trabalho ou escritórios modernos. Ao mesmo tempo, surgiram várias metodologias para a geração de ideias e de colaboração que podem nos fazer erroneamente pensar que inovação se resume a isso.

Minha intenção foi trazer todos os conceitos com os quais nos deparamos na ACE e utilizamos com sucesso em várias das maiores empresas do Brasil e do mundo. É tornar mais claro o processo que leva um negócio a se tornar mais inovador de verdade. Em meio a tanto ruído, acredito que a inovação nunca pode perder o seu verdadeiro significado. Uma empresa inovadora consegue introduzir novas linhas de negócio com sucesso e ao mesmo tempo tornar o seu negócio principal mais eficaz, reduzindo custos e aumentando receitas.

## COMO LER ESTE LIVRO?

O livro pode ser lido em qualquer ordem, embora exista uma linha condutora para aqueles que desejam um encadeamento lógico de cada assunto. Os dois primeiros capítulos situam as empresas na revolução que está acontecendo atualmente. O capítulo 1 fala sobre o que está acontecendo no mercado e o que está fazendo as empresas encurtarem seu ciclo de vida. O capítulo 2 fala sobre tendências e a maneira de enxergar o que está acontecendo no ambiente de negócios como algo além da tecnologia. O capítulo 3 fala sobre os seis princípios da inovação e como contextualizá-los no atual cenário que vivemos.

Dos capítulos 4 a 9 falamos sobre cada um dos princípios e como podem ser aplicados nos contextos das organizações:

Trouxe vários exemplos, dos mais diferentes setores, de modo que todos possam entender como utilizá-los em seus negócios. Cada um desses princípios pode ser trabalhado isoladamente e, dessa forma, pode trazer resultados interessantes.

O capítulo 10 aborda a implementação e como uma área de inovação pode ser estruturada, além de diferentes tipos de programas e maneiras de estruturar um plano de inovação. O capítulo 11 trabalha um dos pontos de dúvida entre os executivos: Como vender internamente o programa de inovação? Compartilho formas de aumentar as chances de aprovação de projetos e casos reais de empresas que conseguiram mostrar o valor desse tipo de iniciativa dentro da organização. O capítulo 12 apresenta como preparar a equipe para os desafios da inovação.

## QUEM VAI TIRAR MAIS PROVEITO DO LIVRO?

Em minha pesquisa, descobri que não existe um caminho linear para tornar a empresa inovadora. Cada uma descobriu o seu próprio caminho. Entretanto, em comum a todas as empresas, há profissionais ou times que resolveram encarar o desafio interno de tornar o negócio mais inovador. Esses profissionais estão em todos os níveis hierárquicos, e muitos deles usaram diversas técnicas e princípios que apresento neste trabalho. A leitura deste livro pode beneficiar diretamente esses times, como também os líderes da organização como um todo.

O livro foi escrito de modo que os líderes possam compartilhar o conteúdo com todas as linhas de negócio da empresa. Várias das abordagens descritas aqui são bastante práticas e podem ser rapidamente implementadas. Outras exigem um trabalho mais intenso de convencimento e precisam ser adotadas de cima para baixo.

## UTILIZANDO OS CONCEITOS DESTE LIVRO

Se há uma coisa que aprendi trabalhando com startups é que não existem verdades absolutas no mundo dos negócios além dos resultados concretos. Por isso, acredito que este livro deva seguir o mesmo caminho. Espero que, ao apresentar estes princípios e conceitos, novas formas de pensar sobre inovação surjam e levem seu trabalho ainda mais adiante.

Vários dos conceitos que estão aqui foram reflexo do trabalho de dezenas de autores que me influenciaram ao longo dos meus anos de experiência. Fiz questão de trazer referências ao leitor, que podem ser exploradas em paralelo.

Foi esse o tema que me despertou a curiosidade necessária para escrever um livro. Foi uma experiência muito gratificante e intelectualmente desafiadora. Durante o processo quebrei meu tornozelo e fiquei meses sem tocar o pé no chão. Sem dúvida nenhuma, esse tempo imóvel foi decisivo para terminar o livro no prazo. O imprevisto é um dos aspectos mais curiosos e interessantes da inovação.

Espero que este livro faça você refletir e, principalmente, colocar em prática uma estratégia de inovação em seu negócio.

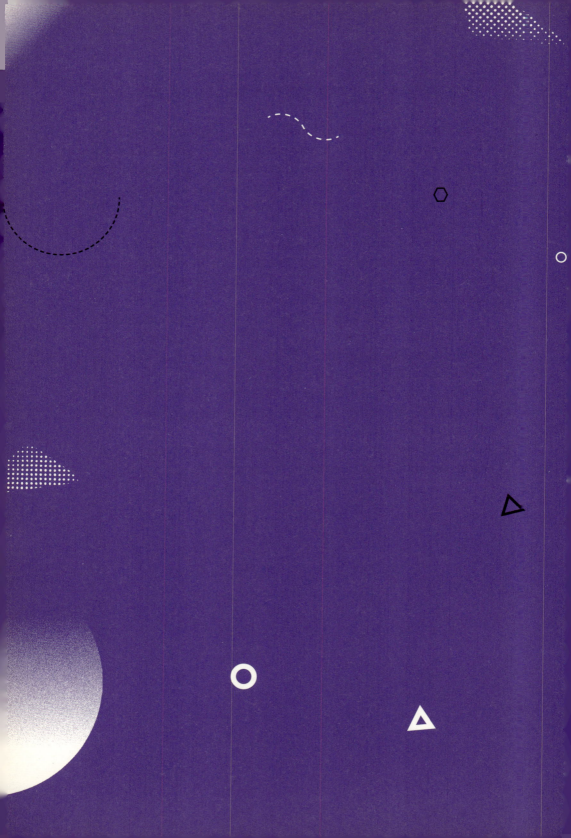

"NÃO EXISTEM VERDADES ABSOLUTAS NO MUNDO DOS NEGÓCIOS ALÉM DOS RESULTADOS CONCRETOS."

# CAPÍTULO 1

## A INOVAÇÃO SÓ É POSSÍVEL JOGANDO NO ATAQUE

**E**RA uma manhã fria de agosto, em 2017. Estava terminando uma palestra sobre inovação para CEOs de grandes empresas. Agradeci aos participantes e saí do palco. Eu tinha mostrado, de maneira muito simples, a inovação impactando mercados cada vez mais rapidamente. Mencionei empresas que se tornaram gigantes nos últimos 15 anos e empresas tidas como líderes de mercado e que já não existem mais.

Um dos dados mais relevantes é a taxa de mortalidade das grandes empresas. Mais do que mostrar aqueles exemplos de sempre, como a Kodak, Blockbuster, Xerox, RIM (Blackberry) e Nokia, eu mostrei a tendência de mortalidade das empresas Fortune 500[1]. Se olharmos o índice S&P, uma empresa ativa em 1965 sobrevivia em média 33 anos. Na década de 1990, este número baixou para 20 anos e reduziu para 18 anos em 2012. Nesse ritmo, uma empresa vai sobreviver em média 14 anos em 2026.

Após a palestra, os executivos estavam pensativos.

Algumas perguntas vieram depois. E 100% delas eram sobre implantação. Todos queriam saber como não cair nas mesmas armadilhas. Um dos executivos, no intervalo, veio conversar comigo. Estava visivelmente preocupado. Falou-me que estava pensando nos fatores que matariam o seu negócio, e o que poderia fazer hoje para se antecipar. Ou seja, o que ele poderia fazer para assassinar o próprio negócio antes que alguém o fizesse.

O que eu aprendi, conversando com centenas de executivos, de todos os setores, foi muito simples. A grande maioria tem total ciência de que seus negócios estão ameaçados. Se perguntarmos quais as principais tendências que vão impactar as empresas, todos saberão que é a Inteligência Artificial ou a Internet das Coisas. Estamos falando de pessoas extremamente competentes, engajadas, com acesso a informação e equipes de alta performance. Afinal, este é o perfil que domina a grande maioria das empresas. Então, por que ainda assim vemos a expectativa de durabilidade das empresas em queda constante?

Pensando nisso, dediquei minha energia a entender melhor o que impede as grandes empresas de reagir e usar seus recursos para ganhar mercado e se tornar ainda mais relevantes no cenário em que vivemos. E, por outro lado, o que as empresas que sobrevivem e conseguem se adaptar às mudanças do mercado, transformando seu modelo de negócio completamente quando comparamos ao início de suas trajetórias, têm em comum.

Ao mesmo tempo, como estruturas tão frágeis como a das startups conseguem ganhar mercado, crescer e se tornar grandes negócios em tão pouco tempo? O Facebook, que em 2004 atingia 100 milhões de usuários, bateu 1 bilhão em 2012 e chegou em 2016 faturando quase US$ 30 bilhões, revolucionando o mercado de mídia global, além de impactar a vida de bilhões de pessoas[2].

O grande desafio, então, é entender o que empresas como Google, Amazon, Facebook, Netflix e tantas outras fazem diferente. É preciso estudar quais são essas práticas e como podemos incorporá-las aos negócios tradicionais ao redor do mundo.

Quando observamos esses negócios que revolucionam seu setor de atuação, geralmente notamos as macrotendências, aqueles movimentos maiores, que influenciam os negócios e o consumo. Ao analisarmos a Blockbuster, por exemplo, poderíamos apontar que ela não percebeu o crescimento exponencial da internet e a facilidade com que qualquer um poderia consumir conteúdos via banda larga no futuro próximo, e, com isso, sucumbiu aos concorrentes. Essa é uma reflexão superficial, pois aponta as grandes mudanças do mercado. E eu aprendi que as grandes mudanças não matam as empresas. A verdadeira riqueza está em analisar o micro, o que aconteceu dentro do negócio, que não permitiu que a empresa conseguisse reagir. E essas respostas geralmente são a chave para entender o processo da inovação.

Responder à pergunta do executivo da palestra sobre como ele poderia assassinar o próprio negócio, não era tarefa simples, pois, se eu ou qualquer pessoa dissesse que ele deveria investir na tecnologia A ou B, estaria apenas reproduzindo relatórios de mercado. Vivemos em uma era em que as respostas não estão na direção a ser tomada, apenas. Elas estão intimamente ligadas ao "como", à forma como as organizações vão se estruturar para lidar com esses cenários. E isso passa pela organização, coletivamente, mudar a maneira de pensar.

O meu maior aprendizado lidando com centenas de startups, através da ACE, foi que o processo para chegar ao sucesso passa por uma série de hipóteses e testes.

## OS EMPREENDEDORES NÃO COMEÇAM COM CERTEZAS, MAS COM UMA VISÃO.

E estão dispostos a aprender e desaprender continuamente. Grande parte das startups que entram em nossas turmas de aceleração mudam seus modelos de negócio (a forma como vão ganhar dinheiro) drasticamente ao longo do percurso, sem alterar a visão inicial.

Atualmente, são diversas as metodologias que podem ajudar a testar as hipóteses propostas por empreendedores, gestores e times para seus negócios. São exemplos o movimento *Lean Startup*, liderado por Eric Ries e popularizado pelo seu excelente livro *A startup enxuta* (2011), que hoje está na cabeceira de milhares de empreendedores ao redor do mundo; o Canvas de Modelo de Negócios, proposto por Alexander Osterwalder em seu livro *Inovação em modelos de negócio – Business model generation* (2011), que apresenta o modelo de negócio como peça fundamental para traçar as hipóteses e desenhar experimentos de validação; os conceitos e pontos de vistas propostos por Steve Blank nas obras *Do sonho à realização em 4 passos* (2012) e *Startup: manual do empreendedor* (2014), este em coautoria com Bob Dorf. Esses autores ajudaram a repensar a maneira como criamos novos negócios, navegando em um mar de incertezas, e revolucionaram o cenário empreendedor, dando possibilidade para outras maneiras de pensar e planejar a realização dos negócios.

Esses métodos têm ajudado milhares de empreendedores no mundo inteiro e têm impulsionado as iniciativas que rapidamente ganham mercado, relevância e se tornam referência no quesito inovação. Contudo, o grande problema é que, embora muitos executivos conheçam esses novos modelos e até tenham muitos desses livros em cima de suas mesas e das de suas equipes, a aplicação dessas novas maneiras de colocar os projetos de pé fica restrita ao nicho das startups quando muitas delas poderiam ser facilmente adaptadas para qualquer negócio, inclusive dentro de grandes empresas.

Quando mencionei tudo isso ao executivo, perguntei:

## VOCÊ ESTARIA CONFORTÁVEL EM ALOCAR RECURSOS PARA REALIZAR DIVERSOS EXPERIMENTOS, SEM SEGURANÇA NENHUMA DE QUE VÃO FUNCIONAR?

Ele hesitou.

Conheço bem essa hesitação. Ela é constante em minhas conversas, e o motivo é sempre o mesmo: o executivo entende na teoria o que precisa fazer, mas quando o confrontamos com a prática, com a realidade, a conversa muda. Os colaboradores nas grandes empresas passam por longos rituais para aprovar seus projetos.

Normalmente, alguém têm uma ideia e conta para seu líder. Este acha interessante e pede que a pessoa que a apresentou detalhe-a um pouco mais. Surge um PowerPoint. Este Power-Point começa a ser melhorado, até que chega o dia de apresentá-lo a algum tipo de comitê. Junto ao PowerPoint, também é solicitado o famoso Business Plan, com números e uma projeção, utilizando as métricas que a empresa normalmente usa para avaliar investimentos. Somente esse processo já levou alguns meses para chegar até o comitê.

Durante a apresentação, as ideias são rapidamente apresentadas e os executivos questionam diversos fatores, incluindo riscos, retorno financeiro e custos envolvidos. Se tudo der certo, sai um projeto da reunião. Esse projeto tem metas e um orçamento. Quando tudo dá errado, esquece-se da iniciativa, e a vida corporativa continua.

O problema é que, para um projeto inovador, ambas abordagens não funcionam. Se o projeto for aprovado, agora há toda uma expectativa em torno dele. Estamos falando de algo incerto, que recebeu um orçamento, muitas vezes considerável. E a pessoa que teve a ideia agora tem uma meta de retorno para a companhia. Se estivermos falando da compra de uma nova máquina para a fábrica, tudo bem. Mas se quisermos testar um novo canal de vendas ou desenvolver um novo produto? O grau de incerteza dessas iniciativas é alto demais para utilizarmos os métodos tradicionais de avaliação de projetos. E, normalmente, as expectativas são frustradas.

Se o projeto não é aprovado, perde-se a oportunidade de testar algo que realmente poderia funcionar e trazer resultados ao negócio. Na reunião, os executivos não avaliaram uma hipótese, mas um projeto. E essa forma de trabalho não consegue responder às demandas impostas pela nova realidade que estamos vivendo. Uma realidade em que a velocidade e a adaptação tornam-se a regra, não a exceção.

## COMO SOBREVIVER A ESSE CENÁRIO DE MUDANÇAS RÁPIDAS E CONSTANTES?

Esta é a pergunta mais comum em minhas conversas. Apesar da resistência em mudar a lógica do fluxo de investimentos e da gestão organizacional, os executivos sabem que os negócios atuais não estão conseguindo lidar com o que está acontecendo lá fora. Todos querem sobreviver, afinal, este é um instinto básico do ser humano, e detestamos nos tornar obsoletos, desaparecer. Odiamos perder.

Acredito que boa parte das questões sobre e dentro de qualquer negócio se resolve com boas perguntas. Então, será que essa é a pergunta certa a fazer? Será que devemos nos preocupar com a sobrevivência?

Sobreviver presume fazer o mínimo necessário. Correr atrás do prejuízo. Criar uma zona de segurança. Tentar se afastar do perigo. Ou seja, sobreviver é jogar na defesa.

No entanto, para mim, jogar na defesa não é o que protegerá as empresas do que está acontecendo no mundo. Jogar na defesa vai simplesmente fazer as empresas copiarem aquilo que lhes parece uma ameaça. Portanto, se uma startup cria um negócio que coloca o meu negócio em risco, eu crio uma iniciativa para me defender que é basicamente uma versão do que a startup faz. E essa versão tende a ser lenta, menos enraizada na cultura da minha empresa e frágil, porque não passou pela curva de aprendizado que a startup, nesse caso, experimentou.

É como olhar o que o Elon Musk está fazendo com a Tesla e acreditar que ele está apenas fazendo um carro melhor. A Tesla conseguiu, em poucos anos, chegar a um valor de mercado de mais de US\$ 50 bilhões, o que a tornou comparável em valor a empresas centenárias como Ford e GM[3]. Ela conseguiu fazer o que nenhuma montadora fez até hoje: criar um carro elétrico melhor do que um carro movido a combustíveis fósseis. Até então, as montadoras faziam protótipos "engraçadinhos" ou criavam carros elétricos focando especificamente o nicho de pessoas que se preocupam com o meio-ambiente, e não necessariamente criando um excelente carro. A Tesla foi muito além.

Elon Musk realmente reinventou a maneira de como fazemos, compramos e lidamos com o carro no dia a dia. Ele fez um carro com design moderno, que anda rápido, com muita tecnologia digital para o motorista e, ainda, com um impacto muito menor ao meio ambiente. Contudo, não se trata apenas de um carro melhor. Ele mudou tudo embaixo do capô. O motor é outro, a necessidade de manutenção é muito menor. A forma de comprar o carro é completamente diferente: são lojas próprias, inicialmente em shoppings centers, sem a necessidade de concessionárias. As pessoas lidam com o abastecimento do carro de outra forma, além de contar com manutenção diretamente via software, como se fizéssemos *upgrades* constantes de um programa em nosso computador. Ele criou um computador sobre rodas, com um modelo de negócios completamente diferente.

A tentação para um concorrente é pensar em criar um carro elétrico ainda melhor, porém, Elon Musk já está anos-luz na curva de aprendizado. Ou seja, ele consegue mudar, adaptar e pensar em novas soluções para o seu negócio em uma velocidade muito maior do que o resto do mercado.

A maior parte das montadoras vai enxergar o que está acontecendo no mercado, com empresas como a Tesla e o Uber, e pensar o que precisam fazer para sobreviver. É o carro autônomo? É investir mais em pesquisa e desenvolvimento tecnológico?

Para essas e tantas outras perguntas,

## A RESPOSTA NÃO ESTÁ NA SOBREVIVÊNCIA. ESTÁ EM

# JOGAR NO ATAQUE E USAR AS PRÁTICAS QUE AS EMPRESAS DE PONTA UTILIZAM HOJE.

Poucas pessoas se lembram ou não sabem que a Netflix (líder mundial em *streaming* de filmes e séries), que nasceu em 1997, começou sua trajetória distribuindo DVDs físicos pelo correio – serviço que ainda hoje a empresa oferece nos Estados Unidos[4]. Você gerenciava sua assinatura via site, escolhia os filmes, e eles mandavam para a sua casa o número de DVDs de acordo com o seu plano. O negócio era mais off-line do que on-line.

Reed Hastings, cofundador e CEO da Netflix, tomou uma decisão com o seu time de focar no on-line a partir de 2007, percebendo que o mercado off-line ia pouco a pouco perdendo a força. Hastings fez esse grande movimento em um momento em que a internet ainda era muito lenta. Ele entendeu para onde o mercado estava rumando e que a velocidade se tornaria rapidamente ideal para a maior parte dos consumidores. Além disso, o empresário percebeu que a maior parte das pessoas usava videogames em casa e fez parceria de distribuição com todos os principais consoles. Uma sacada de mestre!

Lendo assim parece que foi tudo simples. Longe disso! O que a Netflix fez foi criar um negócio novo enquanto o antigo ainda gerava praticamente 100% da receita. Eles apostaram naquilo que mataria o seu negócio, testaram diversas abordagens, erraram muito pelo caminho, mas, principalmente, se colocaram em uma posição de antecipação diante do cenário que começava a se desenhar. Hoje a empresa possui mais de 100 milhões de assinantes ao redor do mundo[5] e produz boa parte do seu próprio conteúdo.

Empresas como a Netflix jogam no ataque. Não pensam em sobrevivência.

A Amazon é o exemplo mais claro disso. Ela inventou ou reinventou boa parte dos mercados que hoje lidera. Quando o e-commerce ainda estava em sua infância, em 1994, a empresa começou vendendo livros. Alguns anos depois, criou um negócio que ameaçaria diretamente o negócio principal: a venda de livros digitais. Para isso, sem nenhuma *expertise* anterior em hardware, criou o Kindle, o equipamento que viria a ser a forma de consumo desses arquivos digitais. Ao longo dos anos, vimos uma sequência de movimentos pioneiros, como a criação da AWS (Amazon Web Services). Devido ao grande volume de acessos e toda curva de aprendizado em segurança e administração de máquinas, a empresa se perguntou: por que não vender isto como um serviço? Nasceu então uma linha de negócios que hoje já soma mais de US$ 12 bilhões em receitas anuais[6].

Recentemente, a empresa adquiriu a varejista de produtos orgânicos Whole Foods, tornando-se um dos maiores varejistas físicos do mundo. Depois de testar várias abordagens em relação ao varejo tradicional, a Amazon decidiu entrar nesse setor justamente com alimentos orgânicos, criando sinergia com serviços existentes, como o Amazon Fresh, que entrega suas compras em casa. A Amazon está criando o futuro e pensando constantemente em formas de matar o seu próprio negócio.

Então, vendo todas essas histórias, a pergunta que as empresas devem fazer ao enxergar tudo o que está acontecendo no mercado não é relativa a formas de sobreviver, nem tampouco se restringir a como maximizar a receita atual. A pergunta fundamental é:

## COMO EU POSSO APROVEITAR TUDO O QUE ESTÁ ACONTECENDO E DESENVOLVER NOVOS NEGÓCIOS E FORMAS DE PENSAR PARA ATINGIR UMA NOVA POSIÇÃO DE MERCADO?

Ou seja, como eu posso usar todas essas tendências ao meu favor?

Isso é jogar no ataque.

As empresas têm recursos muito acima dos necessários para fazer projetos revolucionários acontecerem. Não é uma questão de investimento, e sim uma maneira de pensar e priorizar os projetos internos.

Parece fácil, mas não é.

## OS ANTICORPOS DA INOVAÇÃO

Gosto muito de comparar uma empresa a um organismo vivo. Pois, assim como os organismos, as empresas têm anticorpos, que protegem o seu negócio principal. Aqueles mesmos processos, procedimentos operacionais, comitês e alçadas de aprovação que fazem as empresas atingirem suas metas de vendas e lucratividade, tornam-se um potente sistema imunológico contra inovação. É compreensível.

Imagine uma grande empresa, que fatura alguns bilhões. Centenas de processos desenhados, clareza nas metas anuais, trimestrais, quebradas no nível do colaborador. Agora imagine alguém trazendo um projeto novo, com chances baixas de sucesso, faturamento bastante limitado (se houver) e que não ajuda ninguém a atingir sua meta pessoal, a mesma que foi contratada no início do ano e que paga o bônus da equipe.

Você já deve ter imaginado o que acontece com esse projeto. Se não morrer imediatamente, terá de seguir diversas das regras que todas as demais unidades seguem. Terá de ser desenvolvido um plano de negócios, com um demonstrativo de perdas e lucros claro e ROI (retorno sobre o investimento) quantificável. Além disso, qualquer contratação de fornecedores precisará de três propostas, um cadastro que leva mais de mês e o envolvimento de várias áreas que não precisariam participar do projeto caso os processos dessem mais autonomia a seus colaboradores.

Aqueles projetos que sobrevivem a todas essas etapas viram apenas vagas lembranças daquilo que eram, não gerando o resultado esperado. A pior parte é que vários deles demoram anos para morrer. Matar projetos também não é rápido, uma vez que eles estão nas metas dos executivos e têm receita comprometida no planejamento anual.

Tenho certeza de que qualquer pessoa que trabalha em grandes empresas há pelo menos cinco anos já presenciou esse tipo de situação algumas vezes. Eu já vi centenas desses exemplos. Os culpados são os executivos, que não têm visão? São os gerentes que querem proteger seu *status quo*, o estado das coisas? Não, o problema é mais macro, está no design da organização que não permite que as inovações sobrevivam. É o sistema imunológico funcionando como foi desenhado. Cumprindo sua função.

Um dos meus autores favoritos, Clayton Christensen, cunhou o termo Dilema da Inovação, no livro de mesmo nome[7]. Ele fala que é muito difícil as grandes empresas inovarem após terem introduzido uma grande inovação no mercado e boa parte do faturamento vir desse negócio. Clayton descreve os processos pelos quais um novo negócio, concorrente, consegue inovar com muito mais facilidade por, entre outras coisas, não ter a dependência da fonte de receita atual dessa nova iniciativa.

O dilema entre manter o foco no negócio atual e/ou investir em novas estratégias faz parte da vida da maioria das grandes empresas. Mesmo empresas de tecnologia consolidadas sofrem esse fenômeno. Quando comecei a trabalhar com internet, em 1996, por exemplo, existiam alguns buscadores importantes, como Yahoo, Excite, AltaVista e diversos outros menores. Quando começaram a crescer, principalmente usando a receita com publicidade, vários deles passaram a cobrir notícias, o mercado financeiro e muitos outros nichos que pudessem maximizar essa receita. Suas páginas iniciais eram grandes aglomerações de conteúdo.

Discretamente, surge um *player* no final da década de 1990 com uma tese diferente: o Google, criado por Larry Page e Sergey Brin, não queria mostrar conteúdo, mas apenas fazer com que a busca fosse a melhor possível. Com foco e sem apego a receitas publicitárias, eles foram melhorando o algoritmo e, consequentemente, a experiência de busca dos usuários. A interface *clean* e direta, que até hoje é marca registrada da empresa, conquistou o mercado rapidamente. No início dos anos 2000, eles criaram o Adwords e automatizaram o processo de compra de mídia. Em poucos anos, todo o restante da indústria perdeu relevância, e a empresa se tornou um verbo no dicionário norte--americano, além de expressão comum do cotidiano.

Nenhum setor está livre desse tipo de ação, especialmente os mais dinâmicos. São poucas as empresas que conseguem sobreviver a inovações como essa. Embora muitas empresas que faziam buscas tivessem milhares de engenheiros trabalhando nos algoritmos e tentando melhorar a experiência dos clientes, o direcionamento era sempre a maximização do negócio atual.

## BUSCANDO RESPOSTAS

Este não é um problema novo, como sabemos. As áreas de P&D (Pesquisa e Desenvolvimento) são uma realidade há muitos anos em empresas que lidam com alguma forma de tecnologia, de produtos industriais a medicamentos. Hoje, investe-se globalmente mais de US$ 2 trilhões por ano em P&D ao redor do mundo[8]. Esse investimento é direcionado, principalmente, a pesquisa em tecnologia. E traz retorno, principalmente para setores intensivos em capital, como grandes empresas de software e indústrias farmacêuticas. Contudo, mesmo esses setores sentem a necessidade de exploração de novos modelos de negócio e novos mercados, especialmente aqueles impactados pelo mundo digital.

E falar de inovação também não é recente. Desde a década de 1980, o assunto vem entrando e saindo da pauta das empresas. Neste movimento, algumas das tendências mais exploradas atualmente são:

- Inovação Aberta, com a cocriação entre os diversos *stakeholders* envolvidos no negócio, dentro e fora dele;
- Corporate Venturing, no qual as empresas criam os próprios fundos de investimento para apostar em novos negócios;
- Bancos de Ideias, para colaboradores participarem ativamente com sugestões de melhorias e novos negócios;
- Postos Avançados de Inovação, no qual a empresa consegue criar inovações fora de sua estrutura e, assim, não impacta as iniciativas com os anticorpos do negócio principal.

Acredito no potencial de todas essas ideias e tendências – algumas mais que outras. Todas, a seu modo, buscam "hackear" (procurar atalhos e novos pontos de vista) o processo de inovação e descobrir alternativas para inovar sem sofrer impacto negativo vindo da estrutura tradicional. A tendência mais comum em todas as empresas, globalmente, é a criação de uma área de inovação ou novos negócios independentes, cuja função é trazer novas receitas futuras para a companhia, lidando com negócios internos e externos.

Com a evidência cada vez maior de que TODOS os negócios serão impactados pela era digital, a taxa de criação de áreas de inovação só aumentou. Mesmo que haja apenas uma pessoa, raramente encontramos uma grande empresa sem esse departamento – ainda que seja só porque todas as outras empresas têm.

Na era das startups, essas áreas estão bastante ativas, buscando parcerias, criando eventos, como *hackathons* (eventos multidisciplinares para estimular a criação de soluções), ou concursos para trazer inovação. O problema, no entanto, é que a maior parte das empresas não está colhendo resultados concretos com essas iniciativas. Na última década, o crescimento do volume de produtos de bens de consumo lançados nos EUA foi de 7% ao ano, enquanto as vendas cresceram apenas 3%, no mesmo período[9]. No final do dia, por mais interessante e diferente que sejam os projetos de inovação, eles devem trazer ganho financeiro consistente para o negócio.

Olhando os dados de retorno em inovação e redução da taxa de sobrevivência das empresas, fica claro que não estamos conseguindo evoluir nesse departamento.

## É POSSÍVEL INOVAR

Inovar é preciso. Pelo menos se quisermos nos manter vivos. Peter Drucker disse que um negócio tem duas atividades críticas: inovação e marketing[10]. Somente essas duas produzem resultados, o resto são custos. Gosto muito da clareza de Drucker e acredito que, atualmente, essas duas atividades deveriam receber mais atenção do que nunca. No que diz respeito a inovação, o mais importante é encará-la como filosofia, método e de alcance em toda organização. Paradoxalmente, ainda é uma área vista como custo e com muito ceticismo pelos gestores em todos os setores.

Estamos em um momento único da História, no qual paradigmas que tínhamos sobre estratégia, competição e negócios estão sendo questionados e mudando a maneira como enxergamos as empresas.

Nos próximos capítulos, vou falar de vários princípios que podem ser usados por qualquer tipo de empresa, com base em diversas metodologias, dando exemplos e apontando alguns caminhos. O objetivo não é entregar uma receita de bolo, mas prover um *roadmap* para experimentação e discussão.

> "O PROCESSO PARA CHEGAR AO SUCESSO PASSA POR UMA SÉRIE DE HIPÓTESES E TESTES."

# CAPÍTULO 2

# AS REVOLUÇÕES DE MERCADO

**G**OSTO muito de conversar com CEOs. Especialmente de fazer perguntas. Eu quero entender como funciona a cabeça do líder, pois acredito que muito da inovação vem do senso de urgência e do ritmo ditado pelo CEO. Essa reunião não era diferente. Tratava-se de uma das maiores empresas da América Latina. Comecei a fazer as minhas perguntas de sempre:

"Quais são suas maiores preocupações? O que tira o seu sono?"

Ele pensou um pouco e respondeu:

"O concorrente X está fazendo avanços rápidos no setor. Além disso, perdemos *market share*[11]".

"O que mais?"

"Basicamente isso. Precisamos inovar para bater este concorrente e recuperar o nosso mercado."

Fiquei pensando depois da reunião. Será que a atenção desse líder está no lugar certo?

Alguns dias se passaram e aconteceu algo interessante. Estava participando de um evento e sentei ao lado do CEO da outra empresa. Aquela mencionada como o maior pesadelo do outro executivo. Tive de perguntar a mesma coisa. Ele me olhou e respondeu:

"Minha preocupação é com aquilo que eu não consigo ver, que eu não tenho mapeado. São milhares de startups surgindo todos os dias, são dezenas de grandes empresas de outros mercados que podem entrar no meu. Preciso constantemente estar alerta e preparar minha equipe para isso."

"E o *market share*? E o concorrente direto?", perguntei, tentando entender o racional.

"Ah, a empresa Y? Claro, é uma concorrente importante, mas está mapeada. Sabemos claramente o que nos espera."

A segunda empresa está ganhando mercado a passos largos em relação à primeira. E está testando diversas abordagens.

Chamo a visão do primeiro executivo de olhar *micro*. Ele está focado apenas nas peças do tabuleiro atual. Está vendo quais as possibilidades de vitória dentro do cenário atual, ou pelo menos da parte que ele percebe. O problema é que grande parte das ameaças e mudanças acontecendo em todas as indústrias são invisíveis para quem está jogando o mesmo jogo há muito tempo. Este olhar é o mais comum e faz com que o executivo entenda que seu inimigo é a empresa A ou B. É o que aprendemos lendo a maior parte dos estudos de caso.

O segundo executivo demonstrou o que chamo de olhar *macro*. Ele olha o tabuleiro, mas entende que tem um jogo muito maior acontecendo fora da área de visão. Um jogo que pode pegá-lo desprevenido. E, mais do que isso, um jogo com várias oportunidades para que a empresa saia com uma posição muito mais vantajosa futuramente.

A maior parte das empresas está preocupada com o risco, ou como proteger as linhas de receita atuais. Não estou sugerindo desconsiderar o risco, mas a preocupação com a sobrevivência pode fazer com que elas esqueçam o incrível potencial de ganho que este cenário nos traz. E é justamente no que podemos ganhar que as empresas que jogam no ataque estão concentradas.

Eu gosto muito daquela frase, escrita em vários espelhos retrovisores: "Os objetos, no espelho, estão mais próximos do que se imagina".

Acredito que a mesma frase possa ser aplicada quando olhamos as inovações que vêm pela frente. As tendências em

inovação estão mais próximas do que se imagina. Já mencionamos que os ciclos corporativos estão ficando mais curtos, mas a
grande dificuldade é decidir quando fazer algo a respeito. Enquanto o primeiro executivo está preocupado com os inimigos à
vista, que cognitivamente trazem mais familiaridade, o segundo
está olhando para o desconhecido. É fato que ele também está
adotando uma estratégia defensiva, até certo ponto, mas já existe a clareza de que a ameaça não está no universo conhecido.

# A Inovação Radical é Sorrateira. E precisamos estar preparados.

### POR QUE AGIR AGORA?

Nosso cérebro está acostumado a prestar atenção no que está à
nossa frente, no que vivemos. Quando lemos matérias sobre
tecnologia nas principais revistas de negócios, entendemos que
existe uma ameaça potencial. Contudo, voltando para o escritório,
continuamos sendo impactados pelas mesmas coisas de sempre.
O mesmo concorrente nos incomodando e os mesmos problemas.
Essa pressão pelo curto prazo faz com que decisões sobre inovação não sejam tomadas com a velocidade necessária.

A hora de agir é agora. Cada vez mais. E temos casos e mais
casos de empresas que não agiram na velocidade ou com a con-
tundência necessária e viram seus negócios ruírem. Estas empresas não deixaram de agir por que eram mais lentas, mas por não
perceberem a ameaça como iminente. Ou, principalmente, por
não perceberem o tamanho da oportunidade.

Há 200, durante a Revolução Industrial, os empreendedores
tinham vários anos para tomar a decisão de agir. A nossa relação
com a tecnologia mudou. O aumento da velocidade de penetra-
ção da tecnologia na vida das pessoas alterou essa dinâmica.

Alguns negócios são afetados mais rapidamente do que outros, mas, invariavelmente, todos são afetados.

Muita gente fala sobre a exponencialidade definindo esta nova fase. O livro *Organizações exponenciais* (2014), de Salim Ismail, Michael S. Malone e Yuri Van Geest, nos mostrou este fenômeno na prática. A base desse raciocínio vem da contribuição de Gordon Moore, um dos fundadores da Intel e responsável por criar a Lei de Moore em 1965, revisada em 1975. Segundo essa lei, o número de transistores em um circuito integrado dobraria a cada dois anos, ao mesmo tempo em que observaríamos uma queda dos custos de produção. Na prática, possibilitou que computadores que eram do tamanho de salas inteiras passassem a caber em nossos bolsos. Essa curva se provou verdadeira até recentemente, quando começou a se tornar um pouco mais lenta. O que podemos tirar de mais relevante desse fenômeno é a velocidade com que as curvas exponenciais acontecem.

Nosso cérebro não está programado para pensar exponencialmente. Um exemplo muito simples consiste em imaginarmos um barbante de 1 m de comprimento. Se considerarmos 30 passos lineares (apenas adicionando um por vez), teremos no fim um barbante de 30 metros. Se considerarmos o mesmo barbante e dermos 30 passos exponenciais (dobrando a cada etapa), teremos um barbante que dá a volta no mundo 26 vezes[12]. A diferença entre os dois é matematicamente muito relevante, mas, cognitivamente, temos dificuldade de compreender. Um bom exemplo dessa distorção de percepção é o iPhone, que em 2017 completou 10 anos do seu lançamento. Quando foi lançado, praticamente ninguém poderia prever o impacto que ele teria no mundo em tão pouco tempo. Indústrias inteiras foram criadas e completamente alteradas.

Outros exemplos do mesmo fenômeno:

- Em 1977, Ken Olsen, um dos inventores do computador, disse que não haveria necessidade de termos computadores em casa.

- Bill Gates afirmou, em 2004, que em dois anos o problema do Spam estaria resolvido.
- Em 1936, o New York Times afirmou que um foguete nunca conseguiria deixar a atmosfera terrestre.

Fomos educados a planejar e visualizar o futuro de forma linear. Estamos programados para pensar o planejamento do próximo ano com base no faturamento deste ano, com os produtos atuais, com um adicional de crescimento de 10% a 20%. As verdadeiras perguntas que deveríamos nos fazer são completamente diferentes:

- Quem disse que o nosso produto será relevante nos próximos anos?
- 10% a 20% é suficiente para nos manter competitivos? Quem disse que o nosso mercado atual é este mesmo?
- O que eu não sei que eu não sei?

Embora racionalmente possa fazer sentido, não é possível mais fazer planejamento olhando no retrovisor. Temos de passar a considerar o imponderável, a surfar no mar de incertezas que se tornou o mercado atual.

## MAS EU FIZ TUDO CERTO...

Liderar uma corporação não é fácil. Nunca foi. No entanto, hoje está particularmente difícil. Estamos nadando em incertezas. Olhando para trás, é fácil analisar por que as empresas falham, mas no meio do furacão não é bem assim.

Se estivéssemos em 2006, você teria coragem de dizer que a Nokia e a RIM, fabricante do BlackBerry, se tornariam irrelevantes? Que atualmente esses aparelhos se tornariam motivos de piada quando queremos designar alguém "velho"? A Nokia tinha 50% de *market share* em 2006[13]! Eram grandes empresas, com grandes executivos. Não faltou talento.

Essas empresas não deixaram de lançar inovações no mercado. Suas áreas de P&D não estavam paralisadas. Muito pelo contrário. Mais recursos foram direcionados para inovação justamente quando estavam no auge. A Kodak, outro grande exemplo de liderança e queda, foi a inventora da câmera digital. A Apple terceirizava seu primeiro modelo de câmera com a Kodak, que também foi uma das primeiras empresas a disponibilizar recursos on-line para compartilhamento de fotos na "nuvem", conceito completamente inovador na época.

Quem teria coragem de dizer que o Yahoo seria vendido por apenas uma fração do que valeu no seu auge[14]? Que a Blockbuster, que foi o ícone de varejo inovador, seria liquidada no mundo inteiro?

Todas essas empresas eram repletas de gente inteligente. Então, o que aconteceu? Por que elas não conseguiram manter seus postos de liderança?

Se colocarmos todos os executivos por trás dessas ex-gigantes em uma mesa redonda, vários vão falar que fizeram tudo certo. Se olharmos os manuais de negócios, eles provavelmente estão corretos.

Como falei anteriormente, está certo se você considerar o tabuleiro com o qual está jogando. No entanto, o tabuleiro não é tudo, mas apenas mais uma das variáveis, junto com as peças e os demais jogadores. A área do jogo é muito maior.

O grande pecado da maioria dos modelos de negócio é a dificuldade de perceber que o modelo atual está em declínio, mesmo quando você está faturando mais hoje do que no passado. O recorde de faturamento da Nokia foi no ano de lançamento do iPhone[15].

O maior desafio é agir quando tudo está bem. Quando o nosso bônus está garantido no final do ano. Em time que está ganhando se mexe, SIM.

Estamos fazendo negócios no século XXI com a mentalidade do século XIX.

# NOVOS TEMPOS REQUEREM NOVAS FORMAS DE TRABALHAR E PENSAR EM INOVAÇÃO.

E isso implica mudarmos a estrutura de incentivos, a forma como planejamos e como as empresas enxergam o futuro.

## A ADOÇÃO DE TECNOLOGIA MUDA INDÚSTRIAS NÃO NECESSARIAMENTE CORRELACIONADAS

A tendência de categorizar tudo em caixinhas pré-definidas é um problema sério nos tempos em que estamos vivendo. A maior parte das inovações que realmente impactaram o mercado vieram de indústrias não relacionadas àquelas que foram impactadas.

Grande parte das revoluções vieram de mudanças de comportamento do consumidor final. Quando uma pequena mudança acontece na ponta do consumo, existe um verdadeiro *tsunami* de mudanças em indústrias que aparentemente não possuem correlação.

Veja um exemplo simples, o smartphone. Antes de a Apple ter revolucionado o mercado na primeira década dos anos 2000, nem pensávamos em várias possibilidades que hoje são realidades e que modificaram muitos outros tipos de negócio.

O advento do smartphone, aliado a uma melhoria da conectividade, fez com que o poder computacional individual aumentasse muito, proporcionando que pudéssemos baixar aplicativos de localização, como o Waze. Com isso, a indústria de GPS para automóveis foi completamente afetada, mudando a curva de crescimento e fazendo com que os *players* existentes mudassem seus portfólios e modelos de negócio. A TomTom, por exemplo, uma das maiores empresas de hardware da Europa, sofreu com a forte redução na demanda por aparelhos de GPS e foi forçada a desenvolver várias outras linhas de equipamentos.

A indústria de máquinas fotográficas digitais também sofreu, reduzindo o número de unidades vendidas. Em 2011, foram vendidas 148 milhões de câmeras, enquanto em 2016 vimos este número cair para 49 milhões[16]. A melhoria constante das câmeras dos diversos smartphones ao longo dos anos fez com que a diferença de qualidade entre um celular e uma câmera especializada se tornasse inexistente.

Crescendo com os novos recursos proporcionados pela indústria dos smartphones, novos modelos de negócio surgiram, como o Uber, que conecta motoristas a pessoas que precisam se locomover. Usando os recursos de geolocalização e conectividade, esses aplicativos mudaram os hábitos de toda uma parcela da população, especialmente a mais jovem, alterando inclusive suas aspirações em relação à aquisição de automóveis, por exemplo.

Usando também a geolocalização, dezenas de aplicativos que aproximam as necessidades imediatas ao contexto do usuário foram criados. Um dos maiores exemplos é o Tinder, hoje um dos aplicativos que mais fatura no mundo[17]. Com a soma desses recursos e diversas camadas de inteligência, o aplicativo proporciona que pessoas próximas se conheçam e possam se relacionar presencialmente. Não só os sites de encontros foram afetados, mas também a indústria das casas noturnas e os hábitos de milhões de pessoas globalmente.

A combinação de apenas duas tecnologias, associada a uma redução do seu custo de produção devido à exponencialidade da adoção, mudou dezenas de indústrias ao redor do mundo. E, mais do que isso, fez com que milhões de pessoas passassem a adotar novos hábitos de consumo e interação social.

É exatamente esse fenômeno que impacta indústrias aparentemente não correlatas. É confortável permanecer na sua pista, sem considerar o que acontece em mercados que não tem, aparentemente, nenhuma correlação com o seu. E é justamente aí que mora o perigo estratégico. Mais do que o perigo, é aí que residem as maiores oportunidades de negócio deste século.

© FREEPIK

Basta estarem abertas a considerar novas possibilidades e fazer experimentos que podem ter pouca relação com o negócio atual, para que as empresas possam começar a se preparar para as mudanças que já estão acontecendo. E este não é um hábito que tem uma data de validade. Na verdade, é uma nova competência, a ser adotada por todos daqui pra frente.

## EU NÃO QUERO TRABALHAR LÁ...

Eu sou professor de MBA desde 2011. Nos anos recentes, não tenho conseguido me dedicar como gostaria à sala de aula, mas sem dúvida é uma das atividades que mais me energiza. Adoro ouvir os diversos tipos de profissionais que cursam o MBA e conhecer suas histórias.

Uma das perguntas que faço desde que comecei a dar aulas é se as pessoas estão satisfeitas com o que fazem hoje em suas empresas. Nos últimos anos, tenho ficado assustado com as respostas.

No começo, apenas alguns falavam que não estavam felizes com suas carreiras. Hoje, é praticamente toda a turma. E não estou falando dos *millennials* (a geração que nasceu até o final dos anos 1990), apenas. Diretores, gerentes e gente de todas as indústrias e idades estão insatisfeitos com o que fazem. Todos gostariam de ter a oportunidade de criar coisas novas, de testar, de caminhar na velocidade do mundo a que são expostos no dia a dia.

E não é por acaso que os principais agentes de mudança nas grandes empresas são os mais insatisfeitos. São as pessoas mais inquietas. Eu gosto de chamá-los de *troublemakers* (aqueles que "causam problemas"). Não se trata daquela pessoa que está sempre dizendo que tudo que a empresa faz está errado. Falo de quem quer fazer coisas novas, que tenta, que monta apresentações, que aceita ser a dona do projeto. Que pede a bola!

No entanto, como vamos inovar se boa parte dos nossos colaboradores está olhando para a grama do jardim do vizinho? Isso os torna extremamente suscetíveis a propostas externas, fazendo com que os melhores talentos abandonem o barco para tentar fazer o novo em outros lugares. Acredito que inovação seja um desafio de design organizacional, e parte desse desafio é criar um modelo no qual as pessoas consigam fazer o que precisa ser feito. Em capítulos futuros eu vou mostrar alguns exemplos de quem está conseguindo fazer essa mudança.

Em 2017, a Deloitte lançou um relatório chamado Human Capital Trends [Tendências relacionadas a Capital Humano], no qual mostrou algumas curvas de mudança, divididas em Tecnologia, Indivíduos, Negócios e Políticas Públicas. Cada curva mostra a taxa de mudança em sua respectiva área, e todas mostram um aumento constante dessas taxas. O mais interessante da pesquisa é que as curvas estão completamente descasadas. Obviamente, a de Políticas Públicas é a que possui as menores taxas de mudança, e a de Tecnologia é a mais avançada. A segunda curva é a do Indivíduo, que vem adotando tecnologia em um ritmo superior ao das empresas em suas vidas pessoais.

Pense na nossa vida pessoal *versus* o que encontramos no dia a dia das empresas. Temos aplicativos que nos ajudam a vencer os engarrafamentos, com algoritmos avançados. Conseguimos ver séries e filmes sob demanda, em qualquer aparelho com conexão à internet disponível em nossas casas. Para recomendar os filmes que provavelmente vamos gostar, as aplicações de Inteligência Artificial entendem o que pessoas com perfis semelhantes aos nossos gostaram e recomendam, com uma boa taxa de acerto. Podemos utilizar aplicativos de transporte, pedir comida via smartphone e ler qualquer jornal do mundo a um clique de distância.

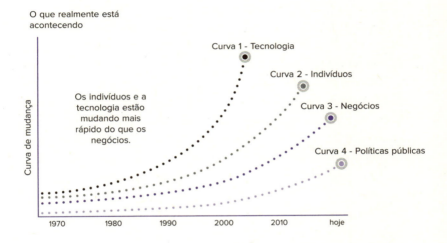

**Figura 1** Adaptação do original disponibilizado pela Deloitte University Press. Disponível em: <https://www2.deloitte.com/content/dam/Deloitte/global/Documents/About-Deloitte/central-europe/ce-global-human-capital-trends.pdf>. Acesso em: 13 jul. 2018.

Quando chegamos na empresa e acessamos as ultrapassadas intranets, ou temos de abrir um software de gestão que parece algo feito por alguém que não queria que fosse utilizado, percebemos claramente a diferença. Sabemos que a tecnologia que usamos em nosso cotidiano é muito mais relevante do que a disponível nas empresas. E não se trata de apenas melhorar as tecnologias utilizadas no mundo corporativo. Trata-se de encontrar contextos que permitam que as pessoas tragam essas tecnologias para dentro da organização. Elas estão disponíveis, e geralmente podem ser acessadas da nuvem, mas ainda assim parecem tão distantes de serem implementadas no espaço corporativo.

Do ponto de vista da gestão, as hierarquias e as ordens de cima para baixo sufocam a capacidade de inovar da equipe. Não se trata de contratar pessoas mais inovadoras, mas permitir que a inovação aconteça de forma orgânica. E isso é fácil falar e muito difícil de implementar, pois envolve desde a mudança de modelos mentais até efetivamente ajustar estrutura de incentivos, processos e diversos outros pontos críticos do negócio.

Simon Sinek, em sua obra *Por que? Como grandes líderes inspiram ação* (2009), defende que as empresas devem começar respondendo à pergunta fundamental: por que existem? Somente começando pela razão de ser é que podemos desenhar como vamos fazer isso e, consequentemente, o que vamos fazer. Acredito muito na filosofia proposta por Sinek. Talvez seja o fato de eu conviver com empreendedores diariamente e perceber a clara diferença de performance quando um negócio realmente tem a consciência do seu papel no mundo e quando não tem.

Não se trata apenas da minha percepção. Em outro estudo conduzido pela Deloitte (Becoming Irresistible [Tornando-se Irresistível])[18], foi apontado que empresas centradas em sua missão possuem níveis de inovação 30% maiores e níveis de retenção de colaboradores 40% maiores que a média, além de normalmente serem a primeira ou a segunda em seus segmentos de mercado. Se pensarmos um pouco, essa correlação é meio óbvia, não?

As pessoas não acreditam mais em empregos vitalícios e carreiras de longuíssimo prazo em uma empresa apenas. Elas estão preocupadas com suas carreiras, com sua satisfação pessoal naquilo que fazem e, principalmente, em fazer algo que realmente importa. As pessoas querem perceber a sua influência nos projetos em que se envolvem.

Muito do que vamos discutir nos próximos capítulos é sobre pessoas. Não é possível inovar sem priorizar as pessoas.

# E AS TENDÊNCIAS EM TECNOLOGIA?

Grandes empresas entram em contato comigo semanalmente para falarmos sobre inovação. Boa parte delas está procurando tecnologias específicas. "Precisamos de startups que trabalhem com Internet das Coisas (IoT)." A mesma encomenda vale para Inteligência Artificial, *Blockchain* e diversas outras que estão na moda. Eu entendo de onde vem essa necessidade. Ela é gerada pela pressão do mercado em inovar – e esse resultado está intimamente relacionado à tecnologia. Contudo, a tecnologia é o meio, não o fim.

Eu estudo e constantemente me atualizo em relação às novas tecnologias disponíveis, mas não saio correndo buscando startups que trabalham com determinada tecnologia só porque isso é uma tendência. As tecnologias servem para mostrar o que é possível. Contudo, é importante sempre pensar no cliente como centro da equação, pois a verdadeira inovação não está em colocar uma tecnologia no mercado, e sim em atender melhor os clientes, chegar a novos mercados, reduzir o custo dos serviços e criar novos negócios.

Não estou dizendo que a tecnologia seja algo trivial! Muito pelo contrário. Ela é a grande propulsora da revolução que estamos vivendo. O mais interessante, em relação ao que vivemos hoje, é que nunca deixamos de nos surpreender.

Estamos vivendo uma verdadeira explosão de tecnologia, causada por uma redução considerável dos custos para desenvolver e criar novas soluções em hardware e software. A régua necessária para se iniciar o uso de determinada tecnologia baixou a ponto de permitir que estudantes universitários trabalhem com o que há de mais moderno em genética e Inteligência Artificial. Essa democratização ao acesso e à redução de custos faz com que a velocidade da inovação tecnológica tenha chegado a um ponto inédito em nossa história.

Um exemplo disso é a tecnologia CRISPR Cas9, sem dúvida algo que terá um importante papel na medicina nos próximos anos. Ela permite que o DNA possa ser editado como se fosse um arquivo Word. Ela foi popularizada cientificamente em 2015, ganhando status de maior descoberta do ano. Em 2017, já existiam kits de edição de DNA custando menos de US$ 200, permitindo que crianças em idade escolar possam editar genes. Em apenas dois anos, uma descoberta científica foi popularizada a ponto de qualquer um conseguir aprender e utilizar em casa. O impacto no mundo é imprevisível, mas o fato de estar mais acessível faz com que esse impacto venha muito mais rápido.

Este é o exemplo de uma tecnologia apenas. E é fascinante pensar em como ela vai impactar várias indústrias, desde a medicina tradicional até a dos cosméticos. No entanto, ela não está sozinha. A mesma democratização de acesso existe em tecnologias como Inteligência Artificial, desenvolvimento de hardware (Movimento *Maker*), impressão 3D e dezenas de outras. E também é fácil, por meio dessas informações, buscar na tecnologia a solução para a inovação dos nossos negócios.

Existem algumas armadilhas que devemos evitar quando enxergamos tendências tecnológicas:

- **Nem todas estão no mesmo estágio de maturidade** – É muito difícil entender que as diversas tecnologias estão em graus bem diferentes de maturidade, por mais que sejam mencionadas de maneira igual na mídia. Inteligência Artificial está longe de ser uma cópia da cognição humana, mas já está disponível em diversas formas no mercado. As criptomoedas (*Blockchain*, *Ether*) ainda estão muito longe de uma adoção em larga escala.
- **Elas atacam em bandos** – Raramente apenas uma tecnologia afeta um mercado. Geralmente, é a combinação de mais de uma tecnologia. Empresas como o Uber utilizam uma série de tecnologias e conceitos para entregar valor ao cliente. Desde a geolocalização, a gamificação até a Inteligência Artificial.
- **A tecnologia só faz sentido se trouxer ganhos ao negócio** – Parece óbvio, mas nenhuma tecnologia obtém adoção se não fizer sentido prático. Por mais que as tendências

façam sentido, é fundamental construir cenários em que as tecnologias tragam resultados em contextos de uso muito claros.

- **Trivial é melhor do que revolucionário** – É comum partirmos das tendências tecnológicas para encontrar problemas onde essas possam ser aplicadas, geralmente em cenários complexos e revolucionários. É sedutor, mas essas iniciativas não costumam trazer o retorno esperado, pois não partem de um problema claro e simples. O melhor uso da tecnologia é em algo claro, em que eu consiga ganhos específicos. Normalmente não é sexy, mas é o que garante novos projetos e a gradual adoção por parte da corporação.

Estamos vivendo em uma era fascinante, sem paralelo em nossa história. Pela primeira vez temos mais tecnologia do que conseguimos utilizar. E é por isso mesmo que os negócios devem perseguir utilizações concretas e práticas desses recursos, em projetos curtos e objetivos, de modo a garantir resultados reais.

- **O cliente no centro** – A melhor forma de fazer isso é pensar constantemente em como podemos tornar a experiência dos nossos clientes cada vez melhor. Somente com o cliente no centro da equação vamos conduzir os negócios a outro patamar. E a tecnologia é um dos meios mais relevantes para chegarmos lá.

## INOVAR É PRECISO

Todos estamos ansiosos em navegar por mares ainda inexplorados. É empolgante e assustador. E é mais assustador se pensarmos no que acontece se não navegarmos. E esta é a ansiedade que move a maior parte dos líderes a buscar alternativas para inovar mais rápido. A boa notícia é que existem métodos hoje para tornarmos a corporação mais inovadora.

A inovação envolve revermos nossa maneira de pensar a estrutura do negócio. Precisamos pensar em como podemos desenhar uma organização que responda aos desafios do mercado. Pensar em como podemos ter as melhores pessoas, trabalhando em projetos realmente relevantes para o resultado da companhia. E pensar em como adotar as tecnologias em ciclos mais curtos e eficazes, como uma prática constante.

> "A TECNOLOGIA
> É O MEIO,
> NÃO O FIM."

# CAPÍTULO 3

## JOGANDO NO ATAQUE

*"Todo mundo tem um plano,
até levar um soco na cara."*

**E**STA frase, atribuída ao treinador do boxeador Mike Tyson, resume muito bem o que estamos vivendo hoje. Quando vejo uma montadora anunciar um novo modelo de carro para daqui há cinco anos ou planos de marketing que usam exatamente as mesmas ferramentas de sempre, esperando trazer um crescimento consistente para o negócio nos próximos 12 meses, penso que a única coisa certa é: o soco virá. Não sei de onde, nem com qual intensidade, mas certamente ele virá.

Quem já empreendeu algumas vezes, sabe exatamente a sensação de levar o soco na cara.

No começo, tudo é lindo. Temos só possibilidades. O plano faz sentido, o mercado é grande, basta executar. É aí que os problemas começam. TUDO dá errado.

Não estou exagerando. TUDO dá errado mesmo. E isso faz parte da jornada empreendedora. Temos de aprender a levar o soco na cara e levantar. Adaptar nossa estratégia e continuar lutando.

É fundamental aprender a se adaptar rapidamente à situação. Não temos outra escolha. Quando somamos a origem do soco

– que pode ser a falta de recursos, um concorrente inesperado ou qualquer outra mudança no mercado – com uma vontade gigante de fazer dar certo, ganhamos um enorme impulso pra frente. Essa é a melhor forma de absorver o soco.

Todas as grandes empresas já passaram por isso. Todas foram pequenas algum dia.

E depois vieram os processos, os milhares de colaboradores, os níveis hierárquicos, a política, os relatórios de performance, o corte de custos e todas as coisas que fazem uma grande empresa performar. E, diferentemente do que muita gente pensa, não sou contra todos esses processos e governança. Pelo contrário, eles são fundamentais – e quando bem estruturados, podem ser até um incentivo à inovação.

O problema é que, agora, só essas práticas não são suficientes para que uma empresa se mantenha na liderança. As mudanças de que falamos nos capítulos anteriores afetaram a forma como as empresas operam. E vão afetar cada vez mais. Novos tempos requerem novas maneiras de pensar e atuar.

Os planos continuam sendo fundamentais. Contudo, a forma como nos acostumamos a fazer o planejamento simplesmente não responde mais às principais perguntas feitas pelo mercado. Quer ver como isso é verdade? Imagine o processo de planejamento da empresa em que você atua ou alguma em que já atuou. Normalmente, o time se reúne no final do ano, olha o passado e projeta o que quer para o futuro, prevendo recursos e desenhando os planos de ação para que as coisas aconteçam. Ao longo do ano, os resultados são acompanhados e são feitas as correções de rota que se fizerem necessárias. A princípio, tudo faz sentido!

Qual o principal problema dessa abordagem?

Estamos lidando com o que conhecemos. Pensamos apenas nos produtos e serviços com os quais já trabalhamos, nos canais de marketing que dominamos e em poucas mudanças no mercado consumidor. Os exemplos dos capítulos anteriores mostram bem quanto essa postura é perigosa.

Como fazer uma projeção de receitas se o nosso histórico não serve mais como parâmetro?

Imagine o seguinte cenário, em uma empresa hipotética:

- Este ano, vamos crescer 10% em cima dos produtos atuais;
- Também vamos introduzir 2 novos produtos e vender para 30% da base atual de clientes;
- Vamos começar a trabalhar com vendas on-line e obter crescimento de 20% do faturamento.

Observando friamente, só conseguimos prever parcialmente o primeiro resultado. Falo parcialmente, pois nada nos garante que o comportamento dos clientes este ano permanecerá o mesmo do anterior. Os dois outros itens são imponderáveis. Não temos nenhum dado disponível que permita que façamos uma projeção de receitas. É claro que existem dados de outros lançamentos de produtos ou canais, mas são apenas referências. Não é possível estabelecer uma meta consistente.

## ESTAMOS LIDANDO COM O IMPONDERÁVEL.

Sem a capacidade de fazer boas projeções, não temos como fazer um bom planejamento. Pelo menos não do modo tradicional. Vamos analisar as vendas on-line da última meta do exemplo. Trabalhando com centenas de startups que, em sua grande maioria, vendem on-line, eu posso afirmar categoricamente que há mudanças sensíveis de mercado a mercado, passando por tipos de produto, perfil dos clientes e canais on-line utilizados. Raramente existem estratégias digitais idênticas.

Ou seja, as variáveis, para dizer que vamos aumentar em 20% o faturamento, são inúmeras. E dificilmente vamos acertar este número. Chegar em um resultado (qualquer um) vai depender de centenas de experimentos.

Novos desafios e novas formas de atuar precisam de novos métodos. A boa notícia é que eles são gratuitos, simples e têm a capacidade de mudar qualquer negócio.

## JOGAR NO ATAQUE É A MELHOR DEFESA

Já ouvimos essa história antes. Muita gente já falou que "a melhor defesa é o ataque". Esse princípio não é novo. A forma como pensar nele, sim.

Quando falamos em jogar no ataque, é comum as pessoas associarem o termo a uma postura agressiva com a concorrência, muitas vezes recorrendo a práticas no limite da ética. Esse pensamento não poderia estar mais distante do que estou propondo aqui.

Em primeiro lugar, não temos clareza em relação a quem são os concorrentes. Falamos anteriormente sobre a dificuldade de olhar além do tabuleiro no qual acreditamos estar jogando hoje. Provavelmente, nossas apostas estarão praticamente todas erradas se olharmos a um horizonte de cinco anos.

Em segundo lugar, acredito que, no longo prazo, trabalhar no limite da ética não seja sustentável. Durante muitos anos, este foi o exemplo de atuação agressiva. Acredito que os consumidores estarão cada vez mais sensíveis a como as empresas atuam no mercado. Enganar pessoas com um comercial bonito, colorido e cheio de pessoas felizes não será mais suficiente para lidar com os consumidores extremamente conectados e cansados do mesmo discurso de sempre.

Então, como seria uma empresa que joga no ataque, nesse novo contexto?

Jogar no ataque significa abraçar o imponderável e entender que, no momento em que estamos vivendo, as oportunidades são muito maiores do que o risco. Significa entender que

## O NOSSO MERCADO OU O ALCANCE DO NOSSO NEGÓCIO PODE SER MUITO MAIOR DO QUE IMAGINAMOS.

Entendendo o tamanho da oportunidade, jogar no ataque significa abraçá-la de forma agressiva e destinar recursos humanos e financeiros para que façamos tudo que está ao nosso alcance para capturar esse valor.

Significa ter a coragem para mudar as estruturas do negócio e casar as melhores pessoas às melhores oportunidades, como prega o grande Jim Collins em seu ótimo livro *Empresas feitas para vencer* (2013).

Significa não ter medo de ser uma metamorfose corporativa e não ter todas as respostas, mas ao mesmo tempo ter a certeza de que está aprendendo muito mais rápido do que a média do mercado.

Acima de tudo, significa estar disposto a criar o futuro. Nunca a frase atribuída a Alan Kay, do PARC (laboratório de inovação da Xerox), foi tão verdadeira: "A melhor maneira de prever o futuro é inventá-lo".

## OS PRINCÍPIOS PARA OS NEGÓCIOS QUE QUEREM LIDERAR O PRÓPRIO FUTURO

Acredito que existam princípios que possam ser utilizados por qualquer empresa para permanecer relevante em um mundo cercado por incertezas e inovação acelerada. As respostas estão nas práticas utilizadas pelas startups e pelas gigantes de tecnologia que estão mudando a economia global.

De fora, parece que a solução está em começar a utilizar mais tecnologia. Como falei anteriormente, a tecnologia é apenas um meio. O verdadeiro segredo está na forma como essas empresas se organizam e pensam. A boa notícia é que milhares de empresas ao redor do mundo estão adotando essas práticas e colhendo resultados consistentes.

Meu objetivo aqui é organizar toda essa nova forma de encarar os problemas, de maneira simples, para que qualquer profissional tenha acesso a um modo de pensar transformador e possa aplicá-lo em qualquer setor.

Todas as práticas têm algo em comum entre si: são simples conceitualmente, mas difíceis de ser implementadas na prática. Ao longo dos próximos capítulos, vou falar sobre estratégias de implantação para cada um dos princípios mencionados aqui.

Os princípios a seguir são um resumo dos aprendizados colhidos em anos de trabalho e estudo sobre inovação radical em grandes empresas. Ao longo desse tempo, aprendi que eles podem ser implantados por qualquer empresa, desde que exista um forte comprometimento da liderança.

## 1. Inovação é uma questão de design organizacional

A palavra inovação vem cercada de significados. Geralmente, imaginamos pessoas fazendo *brainstorming*, utilizando notas adesivas coloridas, quadros brancos e tudo o que está na moda. A maioria dessas técnicas serve para gerar ideias. Algumas vão até a prototipação, mas isso não é inovação. É apenas uma parte do processo.

Se somarmos o número de reuniões, *brainstormings*, planos de novos negócios e qualquer nova iniciativa associada a inovação em grandes empresas e compararmos ao resultado efetivo na geração de novas oportunidades, à melhoria na vida do cliente ou a qualquer indicador concreto que escolhermos usar para medir inovação, veremos que há um grande descompasso entre as iniciativas e o resultado final.

Isso não é falta de engajamento ou de força de vontade dos envolvidos, na maior parte das vezes. O ponto é que por mais que as pessoas envolvidas nessas atividades estejam dispostas a fazer diferente, a estrutura impede que as iniciativas floresçam. Uma área que tem medo de perder força dentro da companhia vai ser contra. A empresa vai demorar para contratar as pessoas necessárias para o projeto. Muitos comitês farão a aprovação dos projetos levar mais tempo do que deveriam. O trabalho entre todas as áreas envolvidas será lento e burocrático. Enfim, já conhecemos bem essa rotina.

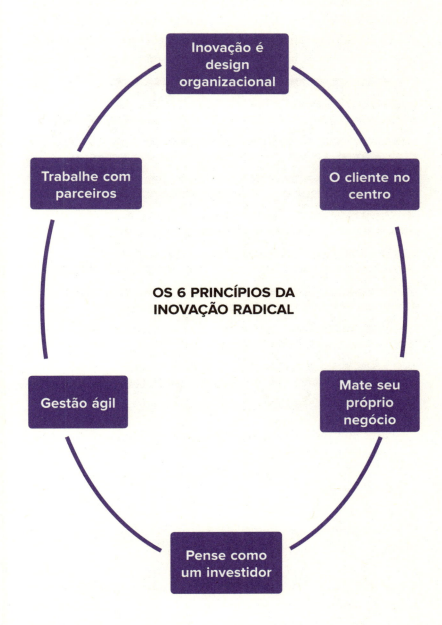

Uma das grandes diferenças entre as empresas de ponta hoje, em termos de inovação, é a forma como estão estruturadas, não a quantidade de notas adesivas coloridas espalhadas pelas paredes. O modelo de trabalho dessas organizações e como as pessoas estão distribuídas é bastante diferente das empresas tradicionais.

**EM VEZ DE ESTRUTURAS RÍGIDAS, FORTE HIERARQUIA E POUCO QUESTIONAMENTO "DE BAIXO PARA CIMA", AS EMPRESAS DE PONTA TRABALHAM COMO PEQUENAS STARTUPS, CONECTADAS ENTRE SI PELA LIDERANÇA E A CULTURA DA COMPANHIA.**

Essas empresas souberam trabalhar o design da organização para alavancar a inovação.

## 2. A gestão ágil

*O projeto deveria durar um ano. Dura dois. E sem previsão de término...*

Esta situação é bem mais comum do que gostaríamos. Não existe uma grande organização que não se depare com esse tipo de situação. E não se trata apenas do atraso. Todas as premissas utilizadas para planejar projetos que deveriam ser tão relevantes para a organização já não fazem mais sentido. Os clientes mudaram. O mercado mudou. Contudo, mesmo assim, insistimos nas velhas práticas. Atrelamos bônus dos colaboradores à entrega do projeto, fazemos intermináveis reuniões, mudamos de consultoria.

Você imagina um projeto como esse em uma organização como a Amazon? Acredita que a estrutura permitiria esse tipo de projeto? Não estou dizendo que todos os projetos da Amazon dão certo. Muito pelo contrário. Vários dão errado. A diferença é a velocidade com que a organização aprende e mata essas iniciativas. Aprender rapidamente é o mantra de uma organização com gestão ágil. Trata-se de errar rápido e barato. Ao fazer isso, o principal benefício é aprender muito mais rápido do que o resto do mercado.

Já falamos bastante sobre o encurtamento dos ciclos de inovação e sobre a mudança no modo de pensar dos clientes. Esses dois fatores são bastante diferentes do que costumava ser a realidade do mercado quando boa parte das empresas surgiram. O jogo sempre foi o da previsibilidade.

O Exército americano passou por essa ruptura no final da Guerra Fria. Na década de 1990, cunhou o termo VUCA[19] (Volatility, Uncertainty, Complexity and Ambiguity), que mostra um mundo muito mais volátil, incerto, complexo e ambíguo. Para lidar com este novo mundo, o Exército fez um grande trabalho de mudança da estrutura de gestão para um modelo mais ágil e responsivo aos novos desafios. Para liderar neste ambiente, os times precisaram atuar nos processos, na capacidade de avaliar cenários, pensar em alternativas criativas e muito mais. Um novo jogo, demanda novas formas de atuação – até para instituições tão tradicionais quanto as Forças Armadas.

A chave está na simplicidade, em cortar aquilo que não precisamos para atingir os resultados esperados.

## A AGILIDADE NÃO ESTÁ EM FAZER MAIS, MAS EM FAZER

# MELHOR AQUILO QUE É MAIS IMPORTANTE.

Saber priorizar no meio do caos. E esta não é uma habilidade fácil de aprender. Exige treino e muita adaptação por parte da equipe e, principalmente, por parte dos executivos.

### 3. O cliente no centro da equação

Está bem. Eu sei que isso já virou um clichê. Todo mundo, sem exceção, fala que precisamos ser obcecados com o cliente. No entanto, quantos realmente praticam isso no dia a dia de suas empresas? Quantos colocam o cliente acima de qualquer coisa na companhia? Esta obsessão está longe de ser algo trivial. Ela exige uma priorização clara por parte da diretoria, além de um conjunto de princípios bem definidos, para que as pessoas possam quebrar regras quando necessário.

E não estou falando aqui do óbvio, de prestar o melhor serviço possível. Estou falando em realmente escutar o cliente, o que implica criar processos e sistemas que consigam demonstrar claramente essa intenção, além de uma forte comunicação com a equipe.

Se tem algo que é comum nas empresas que visito, é o distanciamento entre os diversos times da empresa e o cliente. O que deveria ser algo vivo, presente, torna-se uma versão idealizada, muitas vezes não conectada à realidade do negócio.

A maior parte dos colaboradores conhece os clientes através de relatórios de terceiros, de pesquisas. Sabemos que são mulheres, dinâmicas, classe A/B, mas nunca falamos com nenhuma delas. "Tem gente que faz isso por mim" é o pensamento comum quando tratamos desse assunto.

# Colocar o cliente no centro da equação envolve decisões difíceis e discussões intensas por parte de todos na companhia.

É preciso uma forte liderança, trazendo sempre o tema à tona, a ponto da exaustão.

## 4. Pense como um investidor

Trabalhar no mercado de investimento em startups durante alguns anos fez com que o meu padrão de pensamento sobre inovação mudasse consideravelmente.

Nas empresas tradicionais, somos treinados e condicionados a fazer e executar planos, esperando o sucesso. Torcemos para que nossas premissas façam sentido e traçamos uma meta de longo prazo. Contudo, depois de entrar em contato com centenas de planos de longo prazo em grandes companhias, percebi que a maioria tinha uma utilidade principal: dar um sentimento de controle e previsibilidade sobre o futuro.

Não me lembro de já ter visto um desses planos de longo prazo funcionando exatamente como desenhado. A minha sensação é de que o exercício de parar para planejar e pensar o futuro é mais importante do que o próprio plano gerado. É meio estranho pensar assim, mas acredito que é essa a grande diferença entre um planejamento feito para dar certo, em uma grande empresa, e uma definição de tese de investimento de um gestor de um fundo de investimento.

## O INVESTIDOR ENTENDE QUE VAI ERRAR A MAIOR PARTE DE SUAS APOSTAS E SABE QUE, AS POUCAS QUE DARÃO CERTO, VÃO PAGAR TODO RETORNO DO FUNDO.

E a curva é representada exatamente dessa forma: muitas apostas e poucos acertos. Nas grandes empresas, os executivos esperam acertar grande parte das suas poucas apostas. No final, a conta não fecha.

Se estamos falando do imponderável, como poucas apostas vão gerar o retorno esperado?

A inovação deveria ser gerenciada como um portfólio de investimentos de um fundo, no qual as apostas crescem à medida que determinado projeto dá evidências de sucesso. Esta é a mentalidade de um investidor, aplicada à inovação corporativa.

### 5. Mate o seu próprio negócio

Se alguém for matar o seu negócio, que seja você. Sabemos que ele está em risco, porque todos os negócios estão em risco. Ou seja, mesmo que você não saiba, tem alguém criando algo que vai ameaçar o futuro da sua empresa. Então,

## VOCÊ PRECISA SE ANTECIPAR E CRIAR A SOLUÇÃO QUE PODERIA TIRAR A SUA EMPRESA DO JOGO.

Parece fácil, mas na prática não poderia ser mais difícil. Em parte, isso se deve ao design da organização, abordado anteriormente. Dificilmente os departamentos atuais de uma empresa aceitam criar algo dentro da organização que ameace a própria existência. Quando tentamos criar um novo negócio dentro da empresa que realmente ameace as linhas tradicionais, observamos o sistema imunológico corporativo em ação, defendendo a sua posição.

Os anticorpos que impedem que esse tipo de inovação ganhe a escala necessária estão em todo lugar. Da média gerência às áreas de apoio. Do comitê de investimentos aos processos internos. Tudo vai conspirar para que esse tipo de projeto não avance.

A melhor saída é uma combinação entre os melhores talentos e a autonomia para que persigam o novo. E para conseguir isso, não conheço outra solução melhor do que fazer esse processo fora da estrutura tradicional. Ou seja, estou sugerindo a criação de um Posto Avançado de Inovação focado no tipo de iniciativa que vai matar o seu negócio no futuro.

Esse posto terá orçamento próprio e completa autonomia em relação ao restante da organização, de modo a permitir que exercitem e pensem nas novas fontes de receita da empresa e em novos clientes.

## 6. Trabalhe com parceiros para ganhar velocidade

Se quisermos nos manter competitivos, precisamos ganhar velocidade. E, certamente, precisaremos de recursos externos para fazer isso.

Tenho certeza de que a primeira coisa que veio à sua mente foi a utilização de consultorias e afins. Eu sou fã das consultorias e acredito que elas tenham um papel fundamental nas grandes corporações, mas quando falo de agentes externos, estou falando de **parceiros de inovação**. Esses parceiros podem ser outras grandes empresas, startups, ecossistemas de inovação, enfim, qualquer agente que possa atendê-lo em um objetivo de velocidade específico. Qualquer um com quem possa se criar uma situação de ganhos mútuos.

Imaginemos, por exemplo, que o nosso desafio seja atingir um novo perfil de clientes. Mapeando o mercado, perceberemos que existem algumas startups que já se relacionam, em escala, com os clientes que queremos atingir. Podemos montar vários modelos para trabalharmos em conjunto com essas startups, de forma a estabelecer uma relação ganha-ganha e obter a velocidade necessária para alcançar nosso objetivo de maneira mais eficiente do que se fizéssemos sozinhos.

Não se trata de comprar o nosso acesso ao mercado, mas colaborar com quem pode ajudar a chegar mais rápido e têm objetivos complementares aos nossos. Muitas vezes descobrimos parceiros improváveis e extremamente efetivos onde menos esperamos.

## NAVEGANDO EM MARES INCERTOS

Em muitas palestras, quando falo sobre a forma como vejo a inovação e todos os novos métodos para gerenciar um negócio, as pessoas me perguntam sobre os modelos tradicionais de gestão: processos bem desenhados, procedimentos, diário de bordo para os supervisores, enfim, todos os ganhos de gestão trazidos pelos processos da qualidade e implementados em basicamente toda grande companhia do mundo. Pelo que escrevi até agora, pode até não parecer, mas eu adoro os métodos tradicionais de gestão e acredito que eles podem ter um papel fundamental na condução de qualquer negócio.

A questão principal é o contexto em que esses métodos foram criados. A maioria dos métodos de gestão existentes hoje serve para navegar mares já explorados. Ou seja, tais métodos foram desenhados para cenários em que a incerteza é pequena. Os modelos apresentados neste livro têm o objetivo de abordar cenários de maior incerteza. Entretanto, acredito que a adoção de um método de gestão não se resume a uma decisão binária, em que optamos por um caminho ou outro. Há tons de cinza que determinam como devemos encarar a gestão de cada área.

Em uma mesma organização veremos áreas trabalhando com processos de melhoria contínua, Seis Sigma (metodologia proposta inicialmente pela Motorola e que se baseia na conformidade das normas e dos requisitos estabelecidos pela organização para a qualidade do produto/serviço oferecido) e todas as ferramentas consagradas de gestão e, ao mesmo tempo, outras trabalhando com *squads* (times multidisciplinares), criando novos negócios por meio das metodologias utilizadas pelas startups, elaborando um funil de acompanhamento de novos negócios e errando para aprender.

A partir disso, para ter clareza sobre qual é o estilo de gestão ideal para cada cenário, podemos usar como base uma escala de incerteza:

| ESCALA DE INCERTEZA | | |
|---|---|---|
| **–**      PREVISIBILIDADE | | **+** |
| • Gestão ágil;<br>• Desenvolvimento de clientes;<br>• Tentativa e erro;<br>• Métricas de sucesso que comprovem progresso;<br>• Abordagem de investidor. | • Capacidade de fazer uma previsão de resultados consistente;<br>• Nível de certeza quanto aos processos e às pessoas necessários para obter os resultados esperados;<br>• Atuação junto aos clientes e canais já conhecidos. | • Melhoria contínua;<br>• Gestão da qualidade;<br>• Otimização dos recursos;<br>• Plano de negócio;<br>• Métricas tradicionais de avaliação de investimento. |

Os dois polos estão claros. Ou seja, usaríamos os conceitos abordados neste livro para lançar um novo produto ou descobrir novas formas de atingir nossos clientes, mas trabalharíamos com a gestão tradicional em uma fábrica ou em um centro logístico. As coisas ficam mais complexas quando olhamos as situações intermediárias ou áreas que vão utilizar as duas formas de pensar.

Vamos imaginar um departamento de Recursos Humanos, por exemplo. Vários dos processos são bastante previsíveis. Contudo, estamos sendo inundados por novas tecnologias e abordagens, que têm a capacidade de mudar rapidamente a forma como o RH trabalha. Não podemos nos dar ao luxo de não explorar esses caminhos, ao mesmo tempo em que não podemos perder eficiência dos processos atuais.

É exatamente neste dilema que se encontra a grande maioria das empresas. Acredito que, para quem está nessa situação, exista muito ganho a ser obtido ao se trabalhar com a mescla dessas metodologias, explorando as diferentes visões. A regra, nesse caso, é usar o bom senso e entender que parte da operação pode estar voltada à inovação e operar de forma diferente do restante da área. Basta entender o que é imprevisível e o que conseguimos projetar para o futuro. Este é justamente o tipo de ambiguidade com a qual vamos ter de passar a conviver dentro da maior parte das operações.

## UTILIZANDO OS PRINCÍPIOS DESTE LIVRO

Este livro deveria ser encarado como uma prateleira de opções disponíveis a todas as empresas que queiram inovar. Estamos vivendo em um mundo completamente novo, no qual qualquer fórmula engessada se tornará obsoleta rapidamente.

As empresas deveriam primeiro fazer uma autoanálise e entender em que estágio se encontram na atualidade, bem como quais as principais oportunidades para a inovação em seu negócio. Para ajudá-lo nesse processo, disponibilizei um conteúdo de acesso gratuito para que você possa fazer o diagnóstico da sua organização e descobrir onde estão as oportunidades, como pode priorizá-las e quais os próximos passos para a inovação.

**Basta acessar: <www.inovacaoradical.com/avaliacao>.**

Nesse link, você encontrará um questionário cujo resultado poderá servir como insumo para uma discussão com os executivos da companhia e iniciar um caminho de adoção dos princípios listados aqui.

Cada princípio do livro pode ser explorado de maneira bastante profunda. O meu conselho é não tentar implementar todos de uma vez. Em vez disso, pense naqueles que poderão trazer maiores ganhos ou terão mais afinidade cultural com a empresa nesse momento.

Nos próximos capítulos, vou detalhar cada um dos princípios e oferecer algumas sugestões e exemplos de como colocá-los em prática.

# CAPÍTULO 4

# INOVAÇÃO É UMA QUESTÃO DE DESIGN ORGANIZACIONAL

*"Os homens agem sobre o mundo, modificam-no, e são
modificados pelas consequências de suas ações."*

Skinner, importante psicólogo norte-americano
propositor do behaviorismo radical

**I**MAGINE se alguém dissesse para você que a sua empresa possui os recursos financeiros, humanos e clientes para inovar dez vezes mais do que está inovando hoje? E se esta mesma pessoa dissesse que, enquanto você busca balas de prata no mercado, apenas utilizando o que você já tem, sua empresa poderia ter muito mais velocidade e agilidade? O que você diria para ela?

Pois esta é justamente a situação com a qual eu me deparo 99% das vezes em que me encontro com empresários.

Há alguns anos, fui dar um workshop sobre inovação para executivos de média gerência de uma grande corporação. O workshop foi fora de São Paulo e eu passei o dia inteiro com eles.

Durante o almoço, sentei com um dos grupos mais entusiasmados com os temas de que eu estava falando. Fiquei impressionado com a capacidade de entendimento, vontade de fazer e energia daquelas pessoas. Todas eram muito curiosas e faziam dezenas de perguntas. Quando foi minha vez de perguntar, queria saber o que faziam exatamente, no dia a dia. A maioria trabalhava com atividades repetitivas ou em projetos que claramente não as empolgavam.

Contudo, o que mais me chamou a atenção foi a falta de visão do todo. Ou seja, nenhum deles estava pensando nos grandes objetivos da companhia, mas nos seus projetos individuais. Uma vez que estávamos falando mais sobre as suas rotinas, perguntei sobre suas metas pessoais. Queria saber como mediam sua performance na empresa. As metas eram basicamente qualitativas e associadas a um objetivo bastante abstrato.

Ao longo do dia, continuei interagindo com os diversos grupos reunidos naquele workshop, falando sobre modelos de inovação, gestão ágil e vários outros temas que abordaremos aqui. Em todas as atividades em grupo, o entusiasmo era muito grande e diversos projetos interessantes saíram das dinâmicas. Possibilidades que estavam caindo de maduro para a empresa implementar.

No final do dia, fui até o diretor da área que havia me chamado, para contá-lo como tinha sido o workshop. Mencionei a minha impressão sobre a qualidade do time e também que não conseguia entender por que eles estavam sendo tão subaproveitados. Ele me falou que era o padrão da empresa, que era assim que trabalhavam e que, com o workshop, esperava que a equipe conseguisse "pensar fora da caixa".

Eu lhe disse que sua equipe já pensava fora da caixa, e poderia pensar muito mais. O problema é que a estrutura atual não favorecia a inovação. Portanto, não adiantava fazer esse tipo de atividade sem repensar a maneira como eles trabalhavam, a autonomia que possuíam ou não e como eram cobrados. Na hora, ele não entendeu exatamente o que eu quis dizer.

Eu não censuro esse diretor ou qualquer outra empresa ou time que trabalha do mesmo jeito que sempre se trabalhou. Afinal de contas, não temos referências e métodos que ajudem a fazer diferente. Além disso, fomos condicionados a vida inteira para trabalhar dessa forma. No entanto, neste capítulo, quero mostrar quais pontos podem ajudar as grandes empresas a repensar suas estruturas corporativas a fim de criar as condições para que as inovações possam acontecer.

## O QUE É DESIGN ORGANIZACIONAL?

Como o próprio nome já diz, é "desenho da organização". Ou seja, como as relações são estabelecidas e seu modelo hierárquico. Num primeiro momento pode parecer um conceito abstrato, mas é justamente o oposto. A gente até consegue sentir o design da organização. Parece brincadeira, mas faça um exercício: pense nas empresas que você já visitou. Lembre-se dos corredores, da forma como as mesas estavam organizadas, as expressões faciais de quem cruzava com você. Toda essa observação gerou em você uma sensação do clima e do funcionamento das empresas por onde passou, não é mesmo?

Tudo isso que é percebido são sintomas. Sintomas do design da organização.

Quando as empresas querem parecer inovadoras, qual é uma das primeiras estratégias que adotam? Mudam o visual do escritório. Com a moda das empresas descoladas, vinda do Vale do Silício, é comum vermos salas imitando escritórios famosos, como o do Google ou do Facebook. Pufes, paredes coloridas, a clássica mesa de jogos (ou videogame). Contudo, a questão que fica é: Isso torna mesmo uma empresa mais inovadora?

Imagine uma pessoa sedentária, que decide ir à praia. De repente se dá conta de que sua barriga não é tanquinho. Em vez de fazer exercícios, resolve pintar os gomos na barriga, simulando alguém que está em forma. Deu para entender a analogia?

Móveis descolados não tornam ninguém mais inovador. Notas adesivas na parede não deixam ninguém mais criativo.

Várias dessas mesmas empresas com design colorido em alguns andares, ainda possuem um andar exclusivo da diretoria, repleto de assistentes. Muitas dessas empresas demoram meses para aprovar um novo fornecedor. Em várias delas, as pessoas ainda têm muito medo de errar, de testar coisas novas. Estão pintando a barriga de tanquinho.

Existem inúmeras definições do que significa design organizacional. Eu gosto de pensar no conceito como o conjunto de processos, estruturas, pessoas e modelo de liderança utilizados em determinada empresa. A combinação desses fatores determina como a empresa vai se portar diante dos desafios da inovação. Não há uma fórmula para desenhar uma companhia, pois existem diversos modelos de negócios, estruturas competitivas de mercado, tipos de produtos e vários outros fatores que influenciam na escolha do melhor design para uma organização. O mais importante é pensar claramente no que cada uma dessas partes significa:

| Tópico | Funcionamento em empresas/áreas tradicionais | Otimização das estruturas para a inovação |
| --- | --- | --- |
| Processos | Quanto mais rígidos os processos, menor a variabilidade. E quanto menor a variabilidade, mais eficiência a empresa vai gerar. Essa rigidez entrega resultados consistentes ao longo do tempo. | Processos muito rígidos vão na contramão da inovação, que precisa de experimentação constante. Inovação trabalha com o incerto. Mesmo assim, é importante que todas as iniciativas de inovação também utilizem métodos claros. |
| Pessoas | A rigidez na descrição das funções, a especialização e a compartimentalização das atividades são características de empresas que trabalham com alto grau de eficiência operacional. Desse modo, os colaboradores têm pouca autonomia para tomar decisões e existe uma hierarquia clara. | As organizações mais inovadoras possuem times que trabalham juntos em projetos multidisciplinares. Não é raro os integrantes da equipe trocarem de papéis momentaneamente. Essa característica muda a maneira como as pessoas se desenvolvem nas organizações. |

→

| Tópico | Funcionamento em empresas/áreas tradicionais | Otimização das estruturas para a inovação |
|---|---|---|
| Estruturas | Estruturas claras, geralmente criando especialização de funções. Este modelo leva a uma organização em silos, ou seja, departamentos tão bem delimitados que a consequência é a pouca comunicação entre as diversas áreas necessárias para entregar valor ao cliente. | Diversos times pequenos focados em um objetivo específico, se organizando através das metas da corporação. Geralmente, os times são compostos por pessoas de especializações diferentes e podem ser criados e desfeitos de acordo com os objetivos de negócio e os projetos em desenvolvimento. |
| Modelo de liderança | Liderança *top-down* (de cima para baixo), composta por presidência, diretoria, média gerência e equipe operacional. Os líderes têm o papel de supervisionar a equipe e garantir a conformidade dos processos estabelecidos, atingindo os resultados da área ou do departamento. | Liderança *bottom-up* (de baixo para cima), a equipe na ponta tem autonomia para tomar decisões em relação aos projetos em que está envolvida. À liderança cabe o papel de formar a equipe e garantir que os times estejam atuando nas melhores condições possíveis para obtenção dos resultados. Também tem a função de alinhamento constante com os diversos times e áreas de toda a organização. |

É possível obter resultados significativos no nível de inovação de uma companhia atuando no design organizacional. Contudo, esta não é uma tarefa simples. Nada simples, por sinal, uma vez que a empresa está programada para funcionar de determinada maneira. Então, mudar o modo de trabalhar exige um forte comprometimento da liderança e o entendimento de que se trata de um projeto de múltiplos anos.

Você reparou que eu não mencionei a cultura da organização?

Não mencionei propositalmente, uma vez que eu acredito que ela seja fruto do trabalho feito em todos os eixos do design organizacional. Ou seja, você não vai criar uma cultura mais inovadora mudando os móveis do escritório. As chances são muito melhores se você der autonomia para um dos times executar um projeto utilizando os principais métodos da inovação.

Por onde começar?

Uma mudança radical não é fácil. Meu conselho para as empresas é sempre o mesmo: comece por onde é mais fácil. Não adianta querer mudar os processos mais importantes da companhia logo em um primeiro momento. É garantido que o projeto vai morrer. Os anticorpos que querem nos proteger da inovação são muito mais fortes quanto mais perto estivermos do negócio ou da atividade principal da organização. Em vez disso, inove em processos de apoio. A criação de um novo produto, separado do resto da organização, ou reunir um time de marketing e produtos para melhoria da experiência do cliente são bons exemplos de como começar esse processo.

A mudança deve ser aos poucos, mas constante. E o fator mais importante desse processo é a liderança.

Os líderes não devem apenas se envolver e apoiar o processo, mas, principalmente, dar o exemplo. Sentar junto com o time, apoiar as decisões tomadas pela equipe e ajudar a destravar os processos que estão impedindo a evolução dos projetos são apenas alguns dos exemplos do papel a ser desempenhado por quem está à frente da organização.

## A BOA NOTÍCIA É QUE AS PESSOAS ESTÃO DISPOSTAS A FAZER DIFERENTE. SÃO AS AMARRAS ORGANIZACIONAIS QUE AS IMPEDEM DE FAZER MAIS.

Eu já vi dezenas de exemplos de empresas que, sem mudar sequer um integrante do time, melhorou o processo de inovação radicalmente.

Diante disso, o grande desafio é repensar o design organizacional. Para o sucesso dessa empreitada, alguns pontos são fundamentais. Vamos a eles.

## DESCENTRALIZAÇÃO

Eu garanto que você já navegou em um site que utiliza a tecnologia Wordpress. Em 2018, o relatório da W³Techs apontou que mais de 30% de todos os sites no ar usam a plataforma[20], que serve para gerenciar conteúdo, permitindo que pessoas não especialistas façam a gestão de suas páginas com mais autonomia. A empresa-mãe, de onde nasceu a plataforma e outros produtos, chama-se Automattic, criada pelo empreendedor Matt Mullenweg. Quando escrevo este livro, a empresa é considerada um Unicórnio[21] (empresas privadas com valor de mercado acima de US$ 1 bilhão).

Além do Wordpress, a Automattic tem outros nove produtos, incluindo o WooCommerce, que é uma plataforma para e-commerce, e a Akismet, que filtra mensagens spam nos comentários de blogs e sites. O interessante é que todos esses produtos utilizam ou complementam a tecnologia Wordpress. Duas curiosidades em relação à empresa chamam a atenção: a primeira é o fato de o time de 677 pessoas trabalhar remotamente, ao redor do mundo, em mais de 62 países[22]. Mullenweg contrata baseando-se nas competências pessoais e não se importa se a pessoa está em um fuso horário completamente diferente. Esta não é uma estrutura-padrão, nem mesmo para empresas do Vale do Silício, que privilegiam a colaboração presencial.

Para fazer com que este time funcione, Mullenweg descentralizou a tomada de decisão e cortou várias camadas de burocracia. Para começar, menos de 1% das comunicações da empresa é feita via e-mail. Foram criados fóruns e ferramentas internas que permitem a colaboração em torno de projetos, além de métricas claras de sucesso criadas para garantir uma linguagem comum em torno dos objetivos. Para que você tenha uma ideia, se você visitar a página da Automattic (automattic.com/about), verá quantas mensagens foram trocadas dentro da empresa esta semana ou quantas chamadas de suporte foram respondidas. Também é possível ver um mapa com os lugares onde estão os colaboradores ao redor do mundo. Este nível de transparência e a clareza dos objetivos propostos é fundamental para garantir uma performance boa da equipe remota.

Para garantir um alinhamento ainda maior no time, todos os novos colaboradores obrigatoriamente trabalham por um período na área de suporte ao cliente. Isso permite que tenham contato direto com aqueles que usam seus produtos, suas dores, insatisfações, expectativas e desejos, gerando empatia e uma compreensão mais profunda sobre o negócio. Organizacionalmente, as áreas que estão diretamente envolvidas no produto, da programação ao design, têm mais peso em qualquer decisão tomada dentro da empresa, enquanto as demais áreas tentam apoiá-las ao máximo para executar os seus projetos.

Todo colaborador, mesmo antes de ser admitido na empresa, recebe as crenças de Mullenweg, que estão amplamente divulgadas na companhia. São elas[23]:

- Nunca vou parar de aprender.
- Não trabalho apenas nas coisas que são alocadas para mim.
- Sei que não existe *status quo*.
- Vou construir o nosso negócio de maneira sustentável, através de clientes leais e apaixonados.
- Nunca vou deixar de ajudar um colega e vou me lembrar dos dias em que eu ainda não sabia de tudo.
- Sou mais motivado por impacto do que dinheiro e sei que Código Aberto é uma das ideias mais poderosas da nossa geração.
- Vou comunicar tanto quanto possível, pois sei que é o oxigênio de uma empresa distribuída.

- Estou em uma maratona e não um *sprint*[24] e sei que, por mais longe que esteja meu destino, a maneira de chegar lá é colocar um pé na frente do outro, todo dia.
- Dando tempo suficiente, nenhum problema é impossível.

A Automattic é uma empresa que testou um tipo de design organizacional que fez sentido para o seu negócio, utilizando processos, estrutura, pessoas e modelo de liderança adaptados a essa realidade. O mais importante desse exemplo é a forma como Mullenweg desconsiderou os modelos tradicionais de estrutura e trabalhou no que acreditava fazer sentido no contexto de sua empresa. Vale ressaltar que esta é uma longa jornada, repleta de testes e tentativas que não deram certo. É um exemplo extremo e dificilmente conseguiremos emulá-lo exatamente igual em qualquer outra empresa. Contudo, isso não quer dizer que não possamos utilizar várias das práticas vistas.

O que mais chama a atenção é a descentralização levada ao extremo. A maior parte das empresas mais inovadoras trabalha de forma descentralizada. Uma das empresas emblemáticas é o Spotify, de origem sueca, que hoje é um dos principais competidores globais no mercado de *streaming* de música.

Para competir com gigantes mundiais, o Spotify entendeu que precisava trabalhar de forma descentralizada. O resultado foi a divisão em esquadrões (ou *squads*), com times pequenos, multidisciplinares e autonomia para a tomada de decisão. Esses times ficam dentro de tribos, que são subordinadas a um tema comum. Dentro das tribos, existem capítulos, que são pessoas com competências comuns (ex: marketing, desenvolvimento), e guildas, que reúnem pessoas com interesses comuns (ex: atendimento ao cliente, experiência do usuário).

A fotografia é algo mais ou menos assim:

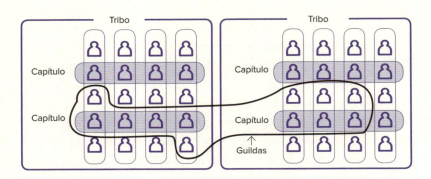

**Figura 2** Organização em esquadrões.

Este modelo de organização causou um profundo impacto na maneira como empresas ao redor do mundo pensam suas estruturas – diversas delas começaram a testar variações do modelo. Como falei anteriormente, a ideia não é migrar todo o negócio para este modelo em um primeiro momento. Especialmente se estamos falando sobre uma empresa de grande porte.

O grupo holandês ING, uma das maiores empresas do mundo na área de finanças (atuando com bancos, seguros e investimentos), começou a observar a forma como empresas como Spotify, Google e Netflix trabalham e resolveu aplicar algumas das melhores práticas na sua estrutura. Embora estivesse com bons resultados financeiros, o ING percebeu que as necessidades de seus clientes estavam mudando rapidamente, e que era preciso repensar seus canais de distribuição. O fato é que eles estavam sendo afetados por negócios digitais que pareciam não relacionados ao seu negócio até pouco tempo atrás.

Uma das principais preocupações dos executivos era garantir consistência na experiência *omnichannel* com seus clientes, ou seja, garantir uma unidade na comunicação com o cliente, independentemente do canal escolhido por ele para falar com a empresa. Então, se alguém vai a uma agência física da empresa e depois utiliza um aplicativo, as respostas devem ser as mesmas – e, mais do que isso, o que foi explicado pelo cliente em um dos modelos de atendimento não precisa ser repetido no outro.

Da mesma forma, se esse cliente ligar para o *call center*, o diálogo deve continuar com base nas mesmas informações fornecidas na visita presencial. Parece simples, mas quanto maior a empresa, mais complexo é integrar essas experiências. Isso acontece por causa da departamentalização, de barreiras tecnológicas e várias outras que o design tradicional das organizações possui.

O ING reuniu os times de marketing, gestão de canais, tecnologia e produto e redesenhou a forma como essas 3.500 pessoas passariam e encarar o trabalho[25]. Em vez de se preocupar com seus departamentos, foram montados esquadrões com gente de todas as áreas, focadas em atuar em desafios específicos. Criou-se uma estrutura com 350 esquadrões, compostos por cerca de 9 pessoas cada, contidos em 13 tribos. Cada esquadrão tinha de entender como iria impactar as metas principais da companhia e, ao mesmo tempo, desenhar as suas próprias e estabelecer o próprio modelo de organização. Este processo de ajustes levou quase um ano, entre planejamento e treinamento de todas as pessoas envolvidas.

A estrutura foi a maior e mais impactante mudança, mas é preciso também trabalhar os outros pontos do design organizacional. A empresa simplificou os processos, cortando reuniões formais e deixando os times se organizarem com autonomia. Ao mesmo tempo, garantiu procedimentos que permitissem um grande alinhamento entre os líderes de cada esquadrão e tribos, de modo a evitar que cada time fosse para um lado completamente diferente e fora dos objetivos da empresa. Nas áreas em que havia menos incertezas, a empresa optou por não utilizar esquadrões, mas mudou a maneira como gerenciava as pessoas, dando mais flexibilidade para a tomada de decisões e garantindo que estivessem alinhados com as metas globais da companhia.

Na frente das contratações, passou a implementar um processo de *onboarding* (processo inicial após uma contratação) inspirado na Zappos, empresa que revolucionou a compra de sapatos on-line e, posteriormente, foi comprada pela Amazon[26]. Depois disso, cada novo colaborador do ING passa três meses de integração antes de iniciar nas linhas de frente para as quais foi contratado, como forma de absorver ao máximo a cultura da empresa antes de iniciar seu dia a dia de trabalho. E adivinha qual a primeira atividade que cada colaborador deve exercer? Suporte ao cliente, assim como na Automattic e em diversas outras empresas.

Antes de iniciar o processo de reestruturação na empresa, os executivos do ING fizeram uma série de visitas de *benchmark* (análise de concorrentes e referências). Ao conhecer os escritórios das maiores empresas de tecnologia do mundo, um dos aspectos que mais chamou a atenção deles foi a maneira como os engenheiros se portam. Ao entrar no Google, por exemplo, é possível perceber os desenvolvedores empolgados com a tecnologia, pensando em soluções criativas e como aplicá-las ao negócio. Dentro das grandes empresas tradicionais, essa visão é bastante diferente. As áreas de tecnologia geralmente acabam gerenciando fornecedores, contratos e várias outras atividades basicamente burocráticas, colocando a tecnologia em segundo lugar. Entendendo que todas as empresas são empresas de tecnologia, a equipe do ING trabalhou para resgatar o orgulho de ser engenheiro nos membros de sua equipe de tecnologia, incentivando que todos voltassem a programar, inclusive os diretores.

A estratégia de redesenho do ING trouxe profundas mudanças para a organização, que fechou centenas de agências bancárias físicas e está redobrando seus esforços no mundo digital. Também optou por investir e depois comprar 100% do banco digital ING-DiBa, que atende principalmente a Alemanha, com retorno acima da média de mercado[27].

Os exemplos do ING e da Automattic são muito diferentes entre si, mas têm algumas similaridades importantes. As duas empresas atuaram no design da organização para obter resultados diferentes. E um dos fios condutores mais importantes é a temática da descentralização.

## SOMENTE DANDO AUTONOMIA PARA AS PONTAS UMA

# EMPRESA CONSEGUE RESPONDER COM A VELOCIDADE NECESSÁRIA AO MERCADO.

Somente cortando etapas e camadas decisórias, conseguimos que as inovações impactem o negócio no tempo certo.

## O DESAFIO DA HIERARQUIA

Infelizmente, ainda é regra entrarmos em um escritório e nos depararmos com a seguinte cena: entramos na empresa para fazer reunião com a presidência. Somos levados ao elevador, pois geralmente a presidência fica nos andares mais altos do prédio. Assim que chegamos no andar, vemos uma fila de assistentes. Tudo neste andar é melhor, é mais caro e mais reluzente que em outros andares da companhia.

Fica claro, subjetivamente, que os diretores são as pessoas mais importantes da empresa.

Deveriam ser?

Eu acredito que essa configuração não traz absolutamente nenhum ganho ao negócio. Além de gerar custos desnecessários para a empresa, isola os líderes das equipes, que criam diversas barreiras para conseguir conversar e expressar o que realmente sentem. E isso é ruim para os negócios.

Uma vez o Eric Shmidt, CEO do Google durante vários anos, disse que o seu trabalho na empresa era gerenciar o caos[28]. O que ele quis dizer com disso? Basicamente, era assediado com projetos e ideias novas o tempo todo. Seu trabalho era ajudar a decidir o que iria avançar e o que seria interrompido.

Quantos CEOs conseguem dizer que estão com projetos de inovação em excesso? Que têm uma fila na sua porta para mostrar protótipos, resultados de testes realizados ou pegar um *insight* para algo que estão planejando? Posso apostar que é uma minoria.

E como eu sei isso? Porque a maioria dos CEOs com quem eu converso quer justamente gerar mais projetos de inovação. E querem ajuda para gerar mais projetos!

A resposta não está em tentar puxar a equipe, e sim tentar estimulá-los. Queremos que os projetos venham naturalmente, de baixo para cima, de acordo com as metas e prioridades da empresa. No entanto, conquistar essa dinâmica só é possível repensando o design da organização e o trabalho da liderança. E este processo está intimamente ligado ao trabalho do CEO.

Não adianta querer que as áreas trabalhem de forma mais ágil e continuar conduzindo a rotina do dia a dia do mesmo jeito. É preciso mudar a agenda dos líderes. E não apenas a agenda dos CEOs. Os conselhos de administração também precisam se adaptar. Os conselhos, hoje, estão pouco diversos. E não estou falando apenas das óbvias distorções, como o número reduzido de mulheres. Estou falando das mesmas pessoas participando dos mesmos conselhos há anos, com as mesmas ideias, o mesmo estilo de trabalho, a mesma visão.

Se estamos falando de uma nova fase, de novos desafios, precisamos trazer diversidade aos conselhos, que consequentemente vão influenciar a escolha dos diretores. Por mais que o CEO queira inovar, se ele chegar na reunião do conselho com algumas das ideias deste livro, provavelmente será barrado nos primeiros dez minutos.

Para quebrar a hierarquia da empresa, é fundamental o apoio total e irrestrito da liderança. A começar pelo topo.

## INTRAEMPREENDER É UMA CARREIRA

Existe um mito no mercado a respeito do empreendedor. Acham que empreendedor é quem cria uma startup, capta dinheiro e depois vende o negócio por milhões. Estes são os novos *rockstars*, os inovadores da nossa era.

Eu considero essa percepção nociva para o mercado como um todo. Em primeiro lugar, apenas uma minoria das pessoas tem a aptidão para se tornar este tipo de empreendedor. Exige um tipo de personalidade muito específico. Além disso, existem vários outros tipos de negócios, que também são interessantes e podem fazer muito sentido para grande parte das pessoas que pensam em empreender.

Acredito que a maior distorção é acreditar que o empreendedor que cria uma empresa no mercado é superior àquele que está trabalhando em uma corporação. Na minha visão, os dois são igualmente empreendedores, apenas com desafios diferentes em suas jornadas.

Chamamos o empreendedor corporativo de intraempreendedor. A grande maioria dos produtos ou serviços inovadores que conhecemos foram criados por intraempreendedores – do nosso smartphone aos eletrodomésticos que utilizamos. E são essas pessoas que estão por trás das maiores revoluções que acontecem nas grandes companhias.

Os intraempreendedores são raramente mencionados e pouco lembrados. Além disso, não existe uma carreira clara para quem quer empreender dentro de uma organização. Em seu mais recente livro *The Startup Way* [O jeito startup], Eric Ries fala sobre sua experiência apoiando a General Electric (GE) em seu processo de inovação, utilizando os mesmos métodos introduzidos pelo autor para as startups. Um dos pontos defendidos por Ries é a criação de um caminho de carreira voltado exclusivamente aos empreendedores ou intraempreendedores.

Sabemos claramente como alguém pode passar de analista para coordenador, evoluindo para supervisor e aí por diante. Contudo, não está claro qual é o caminho de alguém que quer colocar coisas novas no mercado, atuando dentro de uma empresa. Já adianto que não se trata da área de inovação tradicional. Estamos falando de empoderar pessoas em todas as áreas.

Como falei anteriormente, acredito que os intraempreendedores estão espalhados em toda a organização. Para encontrá-los, não adianta fazer um mapeamento de perfil empreendedor em todos os colaboradores. Aprendi que

**A MELHOR FORMA DE DESCOBRIR OS INTRAEMPREENDEDORES É COM UM PROGRAMA QUE PERMITA QUE ELES EXERCITEM O EMPREENDEDORISMO NA PRÁTICA, DANDO AUTONOMIA E MÉTODO PARA QUE PERSIGAM SUAS IDEIAS.**

Ao longo dos últimos anos, vi pessoas se transformarem completamente dentro de organizações tradicionais quando dada a oportunidade de atuar em um projeto realmente empreendedor. Projetos que levariam dois, três anos, são testados, ajustados e retestados em menos de seis meses quando o time trabalha com uma orientação clara e tem autonomia para tomar decisões.

Acredito que o maior poder de inovação já existe dentro da grande maioria das corporações. São aqueles colaboradores dispostos a arriscar a fazer o novo. Para libertá-los, somente modificações no design organizacional. As estruturas tradicionais não permitem que esse tipo de talento apareça e se destaque. Paradoxalmente, são justamente as pessoas com mais risco de abandonarem o barco atraídas por oportunidades que as deem autonomia e responsabilidade.

Imagine se você conseguisse destravar o potencial interno de inovação da sua companhia sem gastar um centavo a mais no orçamento? Este é o poder de liberar os intraempreendedores dentro da organização.

## INOVAR E MANTER

Pense em uma empresa tradicional, com várias unidades de negócio. Supondo que os líderes dessa empresa leiam este livro e resolvam fazer ajustes na sua estrutura, ou qualquer outro item do design organizacional da companhia, o que é mais fácil: Criar uma área independente, que vai inovar e criar novos negócios, com autonomia e métodos diferentes do resto da organização, ou atuar nas áreas de negócio atuais, reorganizando-as de modo a torná-las mais inovadoras? Eu tenho certeza que a primeira é mais fácil. Isso não quer dizer que os resultados venham facilmente, mas que fazer esse ajuste na companhia requer mexer com menos estruturas.

O grande desafio das organizações é conseguir atuar nas três frentes: inovar nas frentes de negócio atuais, pensar inovações em novos negócios que estão conceitualmente próximos do que a empresa já faz hoje e, ao mesmo tempo, pensar no futuro, naquilo que está distante das linhas atuais da companhia.

Para criar uma organização realmente inovadora, é preciso que o design consiga atender às três frentes, não necessariamente de maneira simultânea.

| Frente de inovação | Desafios | Métodos |
|---|---|---|
| **Negócios atuais** | • Colocar o cliente no centro da equação e alterar a forma de trabalhar;<br>• Adaptar o time atual à nova realidade;<br>• Sensibilizar a média gerência. | • Organizar os times de forma diferente e repactuar o modelo de trabalho;<br>• Começar com um pequeno time;<br>• Obter resultados rápidos e contaminar positivamente o restante das áreas;<br>• Insistir na capacitação imersiva e prática do time. |
| **Novos negócios adjacentes aos atuais** | • Adaptar o time à nova realidade;<br>• Criar um time verdadeiramente multidisciplinar;<br>• Medir progresso, não sucesso;<br>• Conseguir a aprovação da alta direção;<br>• Evitar a burocracia corporativa. | • Formar mais de um time para atuar em frentes diferentes e estabelecer parâmetros de comparação;<br>• Organizar os times como uma startup, utilizando os principais métodos de mercado;<br>• Garantir que a definição de progresso seja clara e objetiva;<br>• Investir na liderança, colocando intraempreendedores à frente do time. |
| **Negócios completamente novos** | • Aprovar as iniciativas junto aos diretores e conselho;<br>• Permitir o aprendizado coletivo e as mudanças de rumo nos projetos;<br>• Governança da companhia;<br>• Medir progresso, não sucesso. | • Separar completamente o time responsável por esses novos negócios do restante da companhia;<br>• Avaliar e trazer talentos externos para complementar o time (inclusive startups);<br>• Criar governança para proteger os projetos enquanto ainda são frágeis;<br>• Usar metodologias de mercado e critérios de avaliação claros. |

As sugestões anteriores são apenas referências. O mais importante é você encontrar o método e o design que fazem mais sentido para o seu negócio e momento e entender que a inovação não precisa estar somente associada a novos negócios.

Atuando nas três frentes simultaneamente, as empresas têm a capacidade de criar uma vantagem competitiva extremamente relevante no mercado. São poucas as que conseguem ter a disciplina e despender a energia necessária para fazer isso acontecer. Contudo, garanto que estas são as que vão sair na frente.

O mais divertido, no meio de todas essas possibilidades, é a ausência de regras. São milhares de empresas, ao redor do mundo, tentando coisas novas e colhendo os mais diversos resultados. O que eu descobri é que a única maneira de saber se determinada prática pode funcionar no seu negócio é testando.

É claro que fazer visitas de *benchmark* e estudar outros casos de sucesso (ou não) é fundamental para ter pontos de referência, mas somente olhando profundamente para o seu negócio, seus valores e sua cultura atuais é possível entender os melhores caminhos para a sua organização.

Isso me lembra muito a Toyota, no auge da competição dos carros japoneses com os norte-americanos. Na época, a empresa literalmente abria as portas das suas fábricas para qualquer um (inclusive concorrentes) que quisesse ver de perto como trabalhavam. Por mais que os concorrentes visitassem a fábrica e conversassem com a equipe, não conseguiam copiar seus métodos, pois estavam intimamente ligados ao design organizacional.

Ou seja, não era apenas o processo. Era a estrutura, a liderança e as pessoas. São esses três pilares que eu espero que você se inspire a olhar com novos olhos para que o design da sua organização possa refletir um ambiente fértil à inovação.

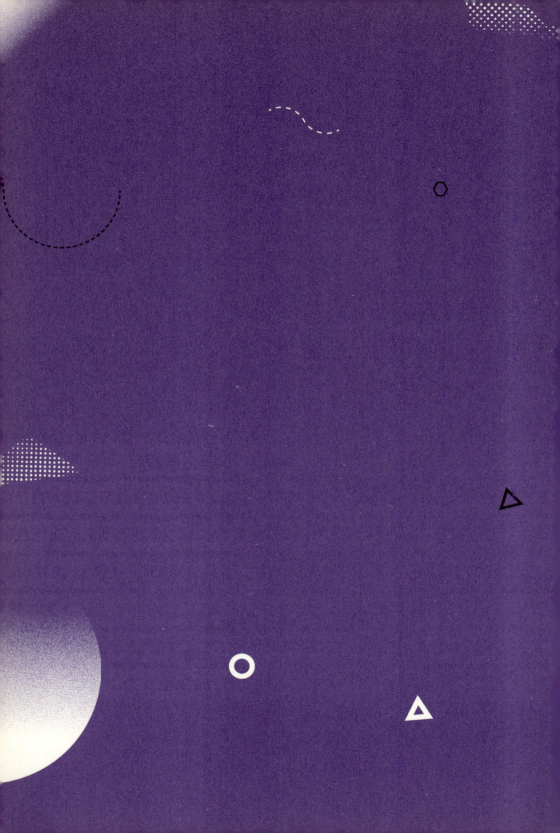

"A MUDANÇA DEVE SER AOS POUCOS, MAS CONSTANTE. E O FATOR MAIS IMPORTANTE DESSE PROCESSO É A LIDERANÇA."

# CAPÍTULO 5

## GESTÃO ÁGIL

*"As pessoas só ficam realmente interessantes quando começam a sacudir as grades de suas gaiolas."*

Alain de Botton, filósofo e escritor

**H**OJE, quase todo mundo tem Netflix em casa, assim como quase todo mundo que trabalha em gestão já teve oportunidade de ter acesso ao arquivo que detalha a cultura e os valores dessa empresa[29]. Em 2009, a Netflix publicou um arquivo no SlideShare, site de compartilhamento de apresentações, em que mostrava em 125 slides como a empresa pensa sobre pessoas e o ambiente de trabalho. A partir disso, o serviço de streaming passou a ser uma grande referência neste tema.

Existem várias coisas lá completamente distantes do nosso mundo. Uma delas são as férias. Os colaboradores da Netflix podem escolher quando e quantos dias vão tirar de férias. Simples assim. A empresa também decidiu não oferecer benefícios aos colaboradores. Ela paga acima do mercado e espera que todos possam escolher os próprios benefícios. Por trás disso está a crença de que você está lidando com adultos responsáveis, que tomarão as melhores decisões pela companhia.

Conversando com um amigo que trabalha na empresa, questionei se estes pontos eram mesmo verdade. Perguntei sobre os processos, procedimentos, como ele planeja. As respostas foram muito mais simples do que imaginei. Os processos são reduzidos ao mínimo. As pessoas têm autonomia para montar os próprios planos e perseguir o rumo que acharem mais condizente com os objetivos da empresa. Quando questionei como eles conseguiam essa proeza, ele respondeu: "É fácil, basta contratar as melhores pessoas do mercado e tratá-las como adultas".

Na ACE, desenvolvemos vários programas de inovação corporativa. Trabalhamos com grandes empresas, tentando trazer a mentalidade da gestão ágil e do trabalho mais próximo aos métodos utilizados pelas startups.

Graças a esse trabalho, há alguns anos, consegui sentir na pele o tamanho do impacto na performance de uma empresa colocar a gestão ágil em prática.

Começamos um projeto com uma empresa muito grande, em um setor bastante tradicional da economia. Consistia em um *spin-off* de um time interno. Ou seja, era um projeto paralelo que, apesar de ser tocado por funcionários da empresa, ficava fora da estrutura e tinha muito mais autonomia do que um time tradicional. O desafio dado a eles era lançar um novo produto no mercado. Produto completamente diferente do negócio principal da companhia naquele momento. Foi montada, então, uma equipe com três pessoas, cujo líder trabalhava na área de planejamento da empresa, um profissional de perfil altamente analítico. Esse time ficaria seis meses em nosso escritório na ACE, trabalhando lado a lado com startups de ponta.

A primeira semana foi excelente. Apresentamos os métodos de trabalho, os conceitos mais relevantes e facilitamos a interação do novo time com diversas startups. Na semana seguinte, os problemas começaram a surgir.

Um dos nossos profissionais, responsável por ser o coach das startups que aceleramos, ficou acompanhando diretamente o time. Nas primeiras reuniões, percebemos as maiores diferenças. Quando começamos a discutir o MVP (produto mínimo viável) ou as entrevistas de validação com clientes reais, começaram os protestos. Os profissionais alocados para tocar o negócio ficaram extremamente desconfortáveis em ir para a rua conversar com clientes. Queriam, inclusive, comprar uma pesquisa pronta de mercado.

Reforçamos que este era o método e pedimos para que confiassem no passo a passo que tínhamos estabelecido. A contragosto, foram para a rua. A performance, nas entrevistas, foi muito aquém do esperado. Enquanto uma startup consegue entrevistar 40, 50 pessoas em uma semana, o time tinha chegado a 10 contatos apenas. Estavam exaustos. Novamente, mostramos que este era o caminho e que tudo faria sentido desde que seguíssemos a proposta. Aos poucos, esses profissionais foram aprendendo como conduzir as conversas com os clientes e, principalmente, trazer os *insights* e aprendizados ao projeto.

Em três semanas, a ideia inicial tinha mudado radicalmente com os feedbacks recebidos. Bateu a insegurança. Como iriam falar com os líderes que o projeto mudou? Novamente, asseguramos que eles estavam no caminho certo e que usaríamos os aprendizados como evidência. O líder do projeto, que ficou boa parte da carreira dentro do escritório, passou a rodar a cidade, indo em regiões onde nunca tinha ido, entrando em lojas e entendendo como se portavam os clientes na vida real.

Dois meses depois, o time tinha um MVP rodando. Tinham improvisado em todas as áreas imagináveis, contornando vários dos problemas que sabemos que existem nas grandes corporações. Era visível a empolgação e a motivação do time. Em três meses, já tinham progresso real para mostrar, com clientes pagando pelo produto desenvolvido. O time não acreditava como tinha conseguido realizar tanto, em tão pouco tempo.

Pouco tempo para os padrões corporativos. Em idade de startup, isso era uma eternidade.

No quarto mês, encontrei o líder do time no café e conversamos sobre a experiência até aquele ponto. Ele me falou, empolgado, que tinha aprendido em quatro meses muito a respeito de como tocar um negócio de forma dinâmica, mas principalmente tinha aprendido sobre os próprios talentos. Isolado em uma área, fazendo atividades muito parecidas durante toda sua carreira, tinha atrofiado sua capacidade de inovar e encontrar soluções. Estava tão empolgado que cogitava se demitir e tocar o próprio negócio, caso a empresa não desse o espaço que ele precisava para fazer o projeto crescer, no término do período de seis meses. Pedi que ele ficasse calmo, que tudo daria certo.

Ao final dos seis meses, tínhamos resultados excelentes para apresentar. Não apenas o negócio se provava viável, mas o time tinha se transformado completamente. A postura de todos era totalmente diferente. Agendamos, então, uma reunião com o CEO e os principais diretores para apresentar o projeto.

O líder do projeto começou apresentando a jornada do time, mostrando como foi diferente ir pra rua, conversar com clientes, participar do processo de ponta a ponta. Quando começou a apresentar os aprendizados, um dos VPs o interrompeu, afirmando que o que ele estava falando era bobagem. Um colaborador normalmente se calaria em uma situação como essa. Não foi o caso com o rapaz. Ele calmamente afirmou que o VP estava equivocado, apresentando argumentos baseados em dados e no aprendizado coletivo do time. O CEO pediu que o VP deixasse que a apresentação fosse concluída.

O projeto recebeu autorização para continuar, e recebeu mais recursos. O líder foi promovido a gerente e, depois dessa experiência, sua atitude em relação ao que é possível ou não foi transformada.

Tendo vivenciado várias vezes histórias como essa, percebo que aquilo que a Netflix pratica não é uma utopia.

## TRATA-SE DE UMA MANEIRA DIFERENTE DE ENXERGAR E DE SE RELACIONAR COM AS PESSOAS NA ORGANIZAÇÃO.

Queremos pessoas com a mentalidade desse jovem líder na linha de frente de nossos negócios. E eles já estão lá. Só precisamos mudar a maneira de tratá-los.

## GESTÃO ÁGIL EM SETORES TRADICIONAIS

Exemplos como o da Netflix e do caso que contei no início deste capítulo são a prova de que os ganhos de dar autonomia ao time e de tomar decisões rápidas são aspectos fundamentais da implementação de uma gestão ágil dentro de qualquer empresa.

E este novo modelo de gestão, definitivamente, não se limita às startups. Há algum tempo ouvia falar de como a Vivo vinha sendo impactada por uma nova forma de lidar com os desafios. Quando comecei a escrever este livro, achei que seria interessante ver de perto o que eles estavam fazendo por lá.

Chegando ao sexto andar do escritório, onde se concentra a Diretoria de Negócios On-line da empresa, tive o primeiro impacto: toda a arquitetura e a organização não devem em nada para os escritórios das empresas mais inovadoras do mundo, como Google, Facebook e Airbnb. Por todo lado é possível ver mensagens escritas pelas paredes, pessoas trabalhando juntas e um ambiente que equilibra seriedade e descontração. Enfim: um ambiente que em nada lembrava a ideia de uma empresa tradicional, com milhares de funcionários.

Entretanto, como só um escritório moderno não quer dizer muita coisa, quis logo saber o que vinha sendo feito, na prática, pela inovação. Foi aí que tive uma surpresa maior ainda. Não é só a arquitetura do escritório que se assemelha à das empresas do Vale do Silício. A forma como alguns dos principais problemas da Vivo estão sendo resolvidos também é inspirada no jeito como as melhores startups resolvem seus problemas.

Esqueça toda a burocracia que imaginamos ao pensar em uma empresa de telecomunicações. Os times se organizam em esquadrões autônomos, assim como o Spotify e o ING, de que comentei no capítulo anterior.

Os *squads* da Vivo têm nomes simpáticos, como "Mi Casa Su Casa" (que trabalha no desenvolvimento de um novo aplicativo) e "Game of Sales" (que investiu em novos canais de vendas). Mais do que um nome divertido, esses esquadrões têm a missão de resolver desafios gigantes para a Vivo, como lidar por vias digitais com a maior parte dos problemas dos clientes, sem que eles precisem ir até uma loja ou ficar horas em uma ligação com o SAC.

A nova forma de se organizar vem trazendo impactos relevantes para a companhia. Em menos de 3 anos, o total de interações feitas por clientes em canais digitais, foi de 15% para 56%.

Hoje, o trabalho realizado pelos times brasileiros da Vivo serve de referência para a companhia em todo o mundo. Contudo, é claro que o caminho não foi assim tão fácil. Segundo Lucas Robertto Batista, head do Vivo Digital Labs e um dos articuladores do novo modelo de trabalho dentro da empresa, o esforço inicial de convencimento foi grande. A companhia resolveu implementar a transformação digital em seus processos, mas ninguém tinha experiência em modelos de gestão ágil. O desafio de mudar essa realidade coube a Batista e a Fernando Moulin, diretor de experiência digital da empresa, que formaram uma dobradinha para descobrir e implementar modelos que funcionassem na realidade da Vivo. Assim como uma startup, todos tiveram de abraçar a ideia de tentativa e erro – e aprender a ter tolerância e tirar o melhor do que não desse certo. Em menos de um ano, as inovações trazidas por essa área já geravam economia ou recursos suficientes para manter a estrutura e, a partir daí, ficou bem mais fácil convencer a diretoria de que era possível expandir esse modelo de trabalho.

## OS MÉTODOS DAS STARTUPS

Como uma organização tão frágil, como uma startup, consegue obter resultados tão expressivos em tão pouco tempo? A resposta é muito simples: ela pensa e trabalha de forma diferente da tradicional. Utiliza seus recursos de maneira focada, com métodos simples, mas extremamente efetivos.

As startups atuam dessa maneira porque não têm escolha. Seus recursos são absolutamente escassos. Qualquer coisa que possa tirar o foco dos empreendedores é uma verdadeira ameaça, afinal de contas, não há tempo nem energia para gastar com o que não for o *core* do negócio.

Hoje, é muito comum ver grupos de executivos indo visitar o Vale do Silício, como se o lugar fosse mágico. Como se só beber da água (escassa) do Vale já fosse torná-los mais inovadores. Já tendo visitado o Vale dezenas de vezes, eu acredito que a resposta não está no lugar, mas em *como* eles fazem as coisas. Uma combinação de método e maneira de pensar. A boa notícia é que tudo isso pode ser exportado e utilizado por qualquer um, inclusive as grandes corporações, quando estão pensando em inovação.

Reuni a seguir um breve comentário sobre as metodologias e os conceitos populares entre os empreendedores. Eles foram criados para startups digitais, mas comprovadamente podem ser utilizados em qualquer setor ou tipo de negócio.

## Tire a empresa do papel (método *Lean*)

Na ACE, nós descobrimos que existe uma grande taxa de mortalidade entre aqueles que apenas têm uma ideia, e que esse índice cai drasticamente entre os que colocam essa ideia no ar. Isso geralmente é consequência do método utilizado. Até pouco tempo atrás ainda existia como norma a visão de que, para construir um produto, era necessário investimento. O movimento *Lean* (enxuto) veio para provar o contrário.

O esquema a seguir representa o funcionamento do método *Lean*, apresentado na obra *A startup enxuta* (2012):

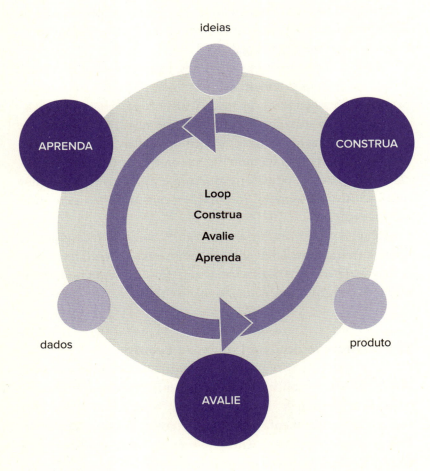

O pioneiro Steve Blank e, posteriormente, seu pupilo Eric Ries, popularizaram o conceito de que você deve construir o seu produto em torno do seu cliente, e não o contrário. Em vez de ter uma ideia e buscar comprovação de que ela está correta, a nova teoria de descoberta do cliente diz exatamente o contrário. Em vez de ter certezas, passamos a ter hipóteses do que realmente traz valor para o nosso cliente. Nosso trabalho passa a ser validar essas hipóteses.

O método *Lean* presume que não sabemos de nada e que a única pessoa que pode nos ajudar a descobrir as respostas de que precisamos é o cliente. Estamos constantemente trabalhando em ciclo, no qual partimos sempre de uma hipótese, construímos algo que pode ajudar a comprová-la e aprendemos, no mundo real, se faz sentido ou não. A beleza desse método é que raramente estamos certos, mas descobrimos coisas muito mais ricas e interessantes no processo – e temos tempo para fazer correções antes de comprometermos todo o negócio. A jornada passa a ser de aprendizado e não de certezas. E este ciclo se estende eternamente na vida do empreendimento. Mudam-se os testes, que vão ficando mais técnicos, mas os ciclos perduram ao longo da vida da startup.

A primeira versão do produto (MVP) deve ser a mais simples possível. Devemos priorizar apenas aquilo que realmente traz valor aos clientes. Se o seu produto tem dezenas de funcionalidades, o MVP deve ter apenas uma ou duas, sempre exercitando a priorização sob a ótica do cliente. Outro aspecto importante dessa primeira versão é a necessidade do uso efetivo (em muitos casos, com pagamento) por parte do cliente. Não se trata de um protótipo, mas de um instrumento de aprendizado. Em muitos casos, o MVP envolve zero tecnologia, apenas pessoas simulando o que deveria ser o produto. A regra é testar o conceito da maneira mais simples e barata possível.

Talvez este seja o conceito mais difícil de aplicar na prática. Em teoria, não poderia ser mais óbvio. Contudo, quando executivos e empreendedores vão para a rua e começam a receber "não" sucessivamente, percebemos a dificuldade psicológica que é lidar com esse tipo de feedback. Raramente o cliente fala que o produto é maravilhoso ou que a ideia é genial (até porque, nesta etapa, ele de fato não é). Quando mudamos a mentalidade para algo mais investigativo, conseguimos entender o poder da metodologia e que deve ser aplicada a todos os itens a seguir.

## Entenda o modelo de negócios

O modelo de negócios é basicamente a forma como a empresa ganha dinheiro. Este conceito foi popularizado pelo uso do Canvas de Modelo de Negócios, apresentado por Alex Osterwalder no livro *Inovação em Modelos de Negócio – Business Model Generation* (2011). Não sou um grande fã da utilização dessa ferramenta, que deve ter sido responsável por boa parte das vendas de blocos adesivos em todo o mundo, pois acredito que ela traga um pouco mais de complexidade do que o necessário. Entretanto, acredito que o entendimento do modelo de negócios seja fundamental para qualquer novo empreendimento.

Embora a maioria das pessoas, analisando uma startup de fora, entenda que as formas de atuação sejam muito parecidas, modelos como plataformas, que unem compradores e vendedores (exemplo: Uber e Airbnb), e SaaS (software as a service, ou software como serviço), que dependem de assinatura e retenção (exemplos: Dropbox e ContaAzul), são completamente diferentes entre si, necessitando estratégias e táticas bem distintas. Além disso, outros fatores como o preço médio do produto ou do serviço também impactam de forma importante diversas decisões da empresa e não podem ser excluídos da equação.

É comum grandes empresas insistirem em um tipo de modelo de negócios, sem testar outras abordagens, especialmente aquelas que são muito diferentes das que são praticadas com seus produtos tradicionais. Eu diria que a maior parte das empresas mais inovadoras realmente experimentou em seus modelos de negócio. Adquirir conhecimento sobre o tema e realizar testes para determinar qual modelo pode ter mais afinidade aos objetivos que estamos tentando atingir são fundamentais para iniciativas intraempreendedoras e aproximação com startups do mercado.

## Escale as vendas

Nos anos recentes, diversas metodologias surgiram no Vale do Silício, ajudando empreendedores a criar formas efetivas para a venda de seus produtos. Geralmente, funcionando muito bem em negócios B2B (*Business to business*, ou seja, de negócios para negócios), essas metodologias quebraram cada etapa do processo de vendas em pedaços menores e estudaram como aumentar a eficiência de cada uma dessas partes. Transformadas em livros como o popular *Receita Previsível* (2011), de Aaron Ross, ou *Sales Acceleration Formula* [Fórmula para acelerar as vendas], de Mark Roberge, essas metodologias, que encaram a venda como uma série de processos que vai da atração do cliente ao relacionamento depois que o contrato já está assinado, puderam ser aplicadas no mundo todo, com bastante sucesso. Devido a esta popularização entre os empreendedores, dificilmente uma startup entra na aceleração da ACE sem já trazer um histórico de vendas e clientes.

Trazendo para a realidade das grandes empresas, vemos que a ciência por trás desses modelos de vendas muitas vezes entra em conflito com os modelos já estabelecidos. A maioria tem um modelo específico de como levar seus produtos ao mercado – e muita dificuldade de abrir mão desse formato. Por essa razão, muitos esforços intraempreendedores falham por não conseguirem sair da fase conceitual ou MVP para vendas efetivas, pois dependem das estruturas já existentes.

Essa forma diferente de encarar o processo de vendas também afeta as chances de aproximação entre grandes empresas e startups. Nos programas com essa finalidade é muito comum que a empresa tradicional prometa dar à startup acesso à sua base de clientes. Embora essas empresas tenham milhares e, muitas vezes, milhões de clientes, raramente vejo uma abordagem que seja efetiva nesse compartilhamento de bases. Isso acontece porque existe uma grande diferença entre os canais atuais de distribuição de uma grande empresa e as necessidades específicas das startups. Por isso, ter apenas uma lista de nomes dos clientes e mesmo um e-mail de recomendação por parte da gigante, não basta para que a startup faça girar sua "máquina de vendas".

Se queremos pensar diferente, temos de pensar em vendas também. A saída para isso é dar autonomia aos times, que precisam chegar até seus clientes, e utilizar métodos diferentes do usual. Da mesma forma, é possível pensar na criação de novos canais em grandes empresas que sirvam como ponte para a distribuição de produtos desenvolvidos por startups, como forma de levar novas soluções aos clientes.

## Faça marketing de um jeito diferente

Assim como tivemos acesso a várias metodologias de vendas nos últimos anos, também tivemos acesso a novas maneiras de pensar e executar marketing. Devido à hipercompetitividade entre empresas essencialmente muito parecidas, os empreendedores não tiveram outra escolha senão repensar a maneira de chegar até seus clientes. Pensando canais de marketing de forma completamente diferente e criativa, esses profissionais questionaram o que se entendia como verdade na indústria da comunicação.

Entendendo como funciona a viralidade de maneira científica e descobrindo quais são os gatilhos psicológicos que levam uma pessoa a falar de determinado produto ou analisando dados e comportamentos para entender como se dá a experiência de um usuário em um ambiente digital, esses empreendedores mudaram a área de marketing tanto funcionalmente (boa parte do organograma é diferente do que observamos na maioria das empresas, com estruturas bem mais matriciais e menos hierarquizadas) quanto tecnicamente (com a premissa de que um profissional de marketing não deve mais apenas entender de comunicação, mas também dominar áreas como análise de dados, psicologia e até mesmo ter noções de programação).

O conceito de *Growth Hacking*, estratégia de crescimento baseada em oportunidades e experimentação, foi criado neste cenário. Trata-se de aplicar toda a filosofia de hipóteses e testes utilizada no modelo *Lean* no marketing. Estabelece-se um objetivo e a abordagem para atingi-lo também passa a ser experimental. Esse conceito foi popularizado por Sean Ellis e Andrew Chen e hoje é a regra das empresas de ponta no Vale do Silício. O mais interessante da abordagem é que associamos o pragmatismo à criatividade. A arte à ciência. O modelo em que o Dropbox aumenta a sua capacidade de hospedagem se você indicar aos amigos ou o código de desconto do Uber vieram desse tipo de abordagem.

## EXECUTE DE MANEIRA ÁGIL

As empresas de ponta, que aliam todos os métodos citados ao ambiente incerto em que estão inseridas, alteraram considera-velmente a forma de gerenciar os seus negócios. Já vimos anteriormente que várias delas optaram por descentralizar suas decisões e criar times menores, com autonomia e equipes mul-tidisciplinares. Jeff Bezos, fundador e CEO da Amazon, chama essas equipes de "times de duas pizzas"[30], ou seja, times com tamanho suficiente para consumir apenas duas pizzas. Se passar desse tamanho, deveríamos quebrar em times menores.

A forma como esses times são gerenciados também difere da gestão tradicional. As chamadas metodologias ágeis são o mode-lo mais comum de conduzir a execução dessas equipes. O concei-to é bem simples: em vez de projetos longos e planejamento em cascata, esses times trabalham com concentração de trabalho em períodos curtos de tempo, chamados *sprints*.

Tradicionalmente, quebramos o trabalho em atividades se-quenciais, nas quais produzimos as coisas de maneira lógica. Por exemplo, se vamos fazer um site, primeiro desenhamos o todo conceitualmente, depois fazemos o design, em seguida fazemos a programação, testamos, corrigimos os erros e colocamos o site no ar. O problema dessa abordagem é que geralmente as coisas não acontecem do jeito que queremos, e o projeto demora muito mais do que se esperava. Quanto mais incerteza temos sobre o cenário em que nos encontramos, menos o projeto em "cascata" faz sentido, e a abordagem ágil começa a ser o método mais eficaz.

Como ele funciona?

Geralmente, estabelece-se o objetivo aos participantes do time (ou esquadrão), que define a duração do seu *sprint* e as regras de convivência. O princípio macro é manter o foco no objetivo e ser flexível nas ações para atingi-lo, utilizando o aprendizado prático como ferramenta para evolução do time como um todo. Por exemplo, se tivermos como objetivo reduzir o cancelamento de clientes, podemos trabalhar naquelas funcionalidades do produto que o cliente não consegue utilizar da melhor maneira, mas também podemos alterar a forma como atendemos estes mesmos clientes via telefone e e-mail. Para acompanhar o projeto, os times fazem reuniões diárias muito rápidas, geralmente de pé.

## CREIO QUE ESTE SEJA O CERNE DA AGILIDADE. A CAPACIDADE DE, AO MESMO TEMPO, MANTER O RIGOR DA META QUE QUEREMOS ALCANÇAR E TER GRANDE FLEXIBILIDADE PARA APRENDER E TESTAR HIPÓTESES.

Essas metodologias surgiram por meio do desenvolvimento de software. Os desenvolvedores perceberam que o método tradicional de cascata gerava um grande desgaste entre o time de tecnologia e os demais envolvidos, além de não produzir os resultados desejados. Diversas metodologias surgiram para tentar resolver este problema. A mais popular, atualmente, se chama Scrum[31], e segue boa parte dos princípios mencionados aqui. Em 2001, vários profissionais de desenvolvimento de software se reuniram e desenvolveram o Manifesto Ágil[32], que é popular até hoje. Os seus principais valores, são:

- Os indivíduos e suas interações acima dos procedimentos e das ferramentas;
- O funcionamento do software acima da documentação abrangente;
- A colaboração com o cliente acima da negociação e do contrato;
- A capacidade de resposta a mudanças acima de um plano pré-estabelecido.

Não existe uma regra definitiva de como os times ágeis, ou esquadrões, devem ser gerenciados. O mais importante é entender a cultura da organização e buscar se adaptar à realidade atual. Vejo muitos casos de empresas que tiveram problemas na implantação dos métodos por não levarem em consideração o estágio de maturidade do time, o tipo de atividade a ser desenvolvida e vários outros fatores que exigem sensibilidade da liderança.

## TUDO À VISTA

Trabalhar de forma ágil pode parecer algo mais desorganizado e caótico à primeira vista. Isso não poderia estar mais longe da realidade. Trabalhar dessa maneira exige muito mais disciplina e capacitação do time do que os métodos tradicionais. A principal razão é a extrema transparência que tal forma de trabalho exige.

Geralmente, duas coisas estão à vista de todos em uma estrutura como essa: o andamento do trabalho e as metas a serem atingidas. Ter as metas e o progresso na parede é a regra nesse tipo de organização. Isso faz com que o time não tire os olhos do resultado e seja muito mais produtivo. Não é raro as pessoas de baixa performance serem pressionadas pela própria equipe para melhorar a sua contribuição ao todo.

A ferramenta de acompanhamento do progresso mais comum é o Kanban, que teve origem na Toyota, nos anos 1960. Trata-se de uma ferramenta visual para acompanhar o progresso. Ela geralmente mostra tudo que precisa ser feito, o que efetivamente está sendo feito e o que está pronto em cada *sprint*.

Com times distribuídos e necessidades cada vez mais complexas, grande parte das empresas utiliza softwares para acompanhamento das tarefas e armazenamento das informações relativas aos projetos. Esses softwares permitem análises em tempo real das atividades e identificação de gargalos.

| A fazer | Fazendo | Feito |
| --- | --- | --- |
| | | |

## TIRANDO OS OBSTÁCULOS DO CAMINHO

A liderança é fundamental para implementar qualquer tipo de estrutura que utilize métodos diferentes de trabalho. Não se trata apenas da mudança do método de trabalho, mas principalmente da forma de pensar desse grupo de pessoas.

Há pouco tempo, fui chamado para conhecer a estrutura de esquadrões de uma empresa que tinha recebido o conselho de uma consultoria para trabalhar desse jeito. Chegando lá, encontrei as pessoas organizadas em grupos, sentadas em uma grande sala comum. As semelhanças com a estrutura de esquadrões terminavam por aí. Conversando com alguns dos líderes, só percebi medo, pressão da diretoria e pouca flexibilidade para errar. Também entendi que o método não estava sendo efetivamente executado. Faltava autonomia e sobrava ingerência dos altos executivos da empresa sobre cada teste que seria realizado. A tolerância ao erro, fundamental quando se opta por um método ágil de trabalho, estava longe de ser uma realidade.

Sentando com os times, questionei sobre seus objetivos. Não estavam claros. Eles não entendiam o motivo da mudança no método de trabalho. Voltando para a diretoria, pedi que me explicassem os motivos para que os times se organizassem daquela forma. O diretor me apresentou um denso relatório, feito por uma consultoria, mostrando que as principais empresas inovadoras do mundo trabalhavam assim e que, se eles quisessem inovar, também deveriam atuar desse modo. Questionei se algum dos diretores tinha trabalhado em algum dos esquadrões ou acompanhado as atividades no dia a dia, mas nenhum deles tinha se aproximado dos times nesse processo.

A frustração era geral. Os diretores não entendiam por que os resultados não apareciam, e os integrantes dos esquadrões estavam inseguros e se achando incompetentes. Expliquei para a diretoria que o trabalho deles era crítico naquele momento de mudança e que os resultados dessa nova forma de trabalhar não vinham do dia pra noite. Era fundamental a experimentação e o erro para que todos pudessem entender o que funciona no contexto daquela empresa, especificamente.

A liderança, em um processo ágil, é um dos maiores fatores para determinar o sucesso das iniciativas. Não se delega para outras pessoas uma mudança dessa magnitude. Os líderes precisam estar nas trincheiras, dando exemplo e se relacionando com os times. Precisam sair das suas salas, fazer perguntas e adaptar o processo sempre que necessário, caso não esteja funcionando. E não se faz isso olhando relatórios.

No modelo ágil, o líder precisa garantir que:

■ A metodologia esteja clara para todos os envolvidos;

- Todo o time esteja capacitado para executar suas atividades e entender o porquê das mudanças;
- Exista um processo claro para melhoria do método;
- As pedras no caminho sejam removidas, deixando o time livre para realizar o seu trabalho de forma efetiva;
- Haja um grande alinhamento entre os líderes dos esquadrões.

Uma das primeiras dificuldades na implementação desse modelo é o embate com a maneira de pensar dos profissionais envolvidos no projeto. Durante anos, esses profissionais foram ensinados a trabalhar de determinada maneira, seguindo determinados parâmetros. Estão condicionados a pensar apenas nas próprias atividades. A correlação entre o que fazem e os resultados da companhia nunca foi tão direta. O modo de interagir com seus colegas também muda consideravelmente. Em vez da tradicional política corporativa e de conversas de corredor, os profissionais precisam resolver problemas conjuntamente. Parece algo óbvio, mas não é. E pode gerar muita ansiedade entre os participantes.

De um dia para o outro, as pessoas, que tinham claramente as suas atividades estabelecidas, passam a trabalhar em um ambiente repleto de complexidade e ambiguidade. Lembra-me aqueles documentários em que o animal é criado em cativeiro a vida toda e, um belo dia, os cientistas vão até a natureza e abrem a gaiola. Em vez de sair correndo para o mato, vários continuam dentro da gaiola. Esta é basicamente a sensação da maior parte das pessoas envolvidas em transições como essa. Em vez de alegria e vontade de inovar, os primeiros sentimentos são o medo e a insegurança.

Para lidar com essa transição, além de estabelecermos expectativas realistas em relação aos resultados, é fundamental que ajudemos as pessoas na condução da sua rotina diária. Os líderes devem deixar o trabalho mais claro, no início, com atividades simples e objetivas. Com o passar do tempo, após alguns *sprints*, os times naturalmente passarão a ser mais criativos e buscar novas soluções.

A transição não é simples e leva tempo. No entanto, quando bem executada, os resultados fazem tudo valer a pena.

Quando o time começa a funcionar da maneira que esperamos, a forma de gerenciar essas estruturas muda bastante em relação ao método tradicional. Na maioria das vezes, as soluções e ideias virão de baixo para cima. Os times estarão atentos ao que acontece na linha de frente e, conhecendo seus objetivos, conseguirão propor soluções inteligentes. O papel do líder é dar cada vez mais espaço a esses times, mostrando que a empresa valoriza essas atitudes. Em última instância, a liderança deve garantir que seus times estejam livres para fazer o que eles fazem melhor.

A seguir, um checklist para verificar se estamos cobrindo todos os pontos necessários para a implementação de times ágeis na organização:

| Itens fundamentais para uma boa gestão ágil | Recomendações para os líderes |
|---|---|
| **Problema/Oportunidade** Existe uma clara definição do problema ou oportunidade para que o time tenha foco e produtividade? | • Desenvolver atividade de alinhamento e definição de problema/oportunidade com os envolvidos; • Definir métricas que consigam mostrar o que significa sucesso, de maneira objetiva. |
| **Capacitação** A equipe sabe trabalhar com este tipo de metodologia? | • Fazer uma capacitação com especialistas, seguida de uma adaptação da metodologia para a realidade da empresa; • Contratar *agile coaches* para acompanhar as primeiras semanas de trabalho e garantir que todos estão atuando dentro da metodologia. |
| **Autonomia** A liderança está verdadeiramente dando autonomia para os times perseguirem as oportunidades de inovação? | • Capacitar os líderes da companhia; • Introduzir mecanismos de acompanhamento que efetivamente mostrem o progresso das equipes. |
| **Alinhamento** Estão todos andando na mesma direção? | • Garantir que todos saibam os objetivos macro da companhia; • Promover constantes discussões e correções de rumo dos diversos times ágeis. |
| **Perfil do time** Estamos com as pessoas certas para abraçar as oportunidades? | • Fazer uma avaliação de competências e perfil pessoal antes de alocar pessoas nos times ágeis; • Atuar rapidamente quando existem claros problemas de performance dos integrantes do time, capacitando-os ou realocando pessoas para equipes tradicionais. |
| **Metodologia** Os times seguem uma metodologia clara e específica? | • Documentar a metodologia de execução ágil da companhia; • Promover melhorias e adaptações periódicas a partir dos aprendizados do time. |

"O MAIS IMPORTANTE É ENTENDER A CULTURA DA ORGANIZAÇÃO E BUSCAR SE ADAPTAR À REALIDADE ATUAL."

# CAPÍTULO 6

# O CLIENTE NO CENTRO DA EQUAÇÃO

*"Se um cliente entra na minha loja sem um sorriso, eu o darei o meu."*

Sam Walton, empresário e empreendedor norte-americano, fundador do Walmart e do Sam's Club

**L**OGO que listei os princípios para gerarmos mais inovação em uma corporação, pensei em deixar este de fora. Parece uma das maiores obviedades do mundo. Quase todos os livros de negócio, nos últimos 50 anos, reforçam este tema.

Pois é.

Então, eu pergunto: Você realmente acha que as empresas entendem este recado? Tantos projetos inúteis seriam interrompidos, tanta burocracia seria reduzida se ao menos parássemos para pensar nos nossos clientes por um minuto.

Eu gosto de dar o exemplo da Amazon. Lá, a prática é que, em todas as suas reuniões, sempre haja uma cadeira vazia. É a cadeira do cliente. A ideia é que, ao ver aquele espaço reservado para os consumidores, todos se lembrem de que são eles quem mandam e devem ser a prioridade sempre. A Amazon leva tão a sério esta obsessão que muitas vezes toma decisões em que perde dinheiro no curto prazo, apenas para fazer valer este princípio. Atitude que se torna extremamente positiva no longo prazo, pois a perda de hoje é recuperada no relacionamento sólido que constrói com seus consumidores. Sempre falo isso em minhas palestras.

Recentemente, eu estava palestrando para os líderes da empresa farmacêutica Novartis e dei o exemplo da Amazon. Notei que o CEO brasileiro e vários diretores usavam uma faixa laranja no braço. Aquelas faixas de capitão de time. Na hora eu não entendi, mas quando a palestra terminou, o CEO veio conversar comigo e me mostrou o que era a faixa. Estava escrito "Paciente" e servia para que todos se lembrassem do ponto de vista do cliente durante qualquer reunião. Quem estava usando essa faixa tentava se colocar no lugar do paciente e dizer, sob o seu ponto de vista, como aquelas decisões o impactavam. Achei uma solução simples e elegante. Pedi a faixa de presente e ganhei.

Quando dei o mesmo exemplo, da cadeira vazia, para o diretor de marketing da Dotz, no dia seguinte, as salas de reunião da empresa passaram a ter uma delas com uma cobertura representando o cliente. São símbolos, mas que funcionam para nos lembrar de que em meio a todos os projetos e preocupações que temos, existe um protagonista que exige a nossa constante atenção. E é fácil perder essa perspectiva. Eu mesmo já perdi várias vezes.

Colocar o cliente no centro da equação exige um comprometimento forte de todos os envolvidos e uma grande disposição para ouvir e entender os dados por trás do seu comportamento – e ouvir o cliente não é comprar um relatório pronto mostrando tendências e como está a divisão do mercado entre você e seus concorrentes. Trata-se de realmente pegar o telefone ou sentar frente a frente com clientes reais e ouvi-los.

Em um mundo onde não sabemos ao certo quais tecnologias vão mudar indústrias inteiras (provavelmente a nossa) e quais serão nossos concorrentes nos próximos anos, existe uma variável em que podemos confiar: o cliente.

# OS CLIENTES SEMPRE ESTARÃO LÁ, COM PROBLEMAS ESPECÍFICOS E NECESSIDADES NÃO RESOLVIDAS.

Se gastássemos mais energia ouvindo e tomando decisões com o cliente no centro da equação, ficaria muito mais fácil construir o futuro dos nossos negócios. Este princípio é mais verdadeiro do que nunca.

## AS CAMADAS QUE COLOCAMOS ENTRE OS CLIENTES E A EQUIPE

Ao longo do tempo, nos acostumamos a colocar camadas entre as nossas equipes e o cliente. É curioso pensar que quando a grande empresa ainda era pequena, seus fundadores estavam diretamente em contato com seus clientes. Poderia ser no balcão do estabelecimento ou em campo, mas sempre observando quem usa os seus produtos. Com o tempo, essas empresas se profissionalizam, contratam times completos para cuidar de marketing, vendas, atendimento e todas as outras funções. E, no caminho, algo se perde.

Quando pergunto para diretores de marketing quando foi a última vez que conversaram com clientes, geralmente vejo expressões surpresas. Não estou me referindo a relatórios ou *focus groups*. Estou falando da interação um a um, simples e direta. Aquela interação que pergunta quais são os seus maiores desafios, o que o cliente pensa sobre o produto da empresa e, principalmente, o que ele acredita que poderia ser melhorado ou deixado de lado.

E, embora parte dos profissionais encarem esse tipo de contato com o cliente final exaustivo e fora da lista de prioridades na hora de decidir onde aplicar seu tempo, é interessante perceber como essa prática é a chave nas metodologias que mais têm se destacado, como o *Design Thinking*, abordagem para encontrar soluções baseando-se em necessidades reais e em times multidisciplinares, e outros modelos semelhantes. Essas técnicas basicamente trazem esse contato com o cliente de volta para as empresas. Durante a semana em que os executivos fazem uma imersão e adotam essas metodologias mais modernas, diversos *insights* e descobertas vêm à tona. Qual é o potencial, então, de transformar essa prática de ouvir de fato o cliente em algo rotineiro, feito por todos os times, o tempo todo?

Durante anos nos acostumamos a contratar fornecedores para tudo nas grandes empresas. Seja para fazer uma campanha de marketing, seja para gerar *insights* sobre nossos clientes. Muitas vezes, vi relatórios lindos em cima de mesas de diretores, com várias informações sobre seus clientes, perfis completos e desenhos de personas (cliente ideal)... Todos feitos por terceiros. É claro que acredito que esses relatórios têm um grande valor; no entanto, eles não substituem o contato direto e a experimentação. Somente indo a campo, ouvindo e investigando, conseguimos verdadeiros *insights* sobre quem mais importa na companhia. E o fundamental: este conhecimento deve estar concentrado na essência da empresa, os terceiros não podem conhecer mais sobre seu público do que você.

Quando ouvir o cliente faz parte da cultura da empresa, o resultado costuma ser sensacional. Um ótimo exemplo disso é a Softplan, desenvolvedora de softwares com sede em Florianópolis. A empresa foi fundada em 1990 e atua em três frentes de negócio (justiça, construção civil e serviços públicos), que funcionam de maneira praticamente independente umas das outras. Apesar da independência, a cultura é um fator de união entre as três unidades de negócio. E o aspecto mais importante dessa cultura é a capacidade de ouvir o cliente.

Recentemente, conversei com fundadores da Softplan, que me contaram sobre como sair do prédio da empresa e ir trabalhar no cliente foi fundamental para o negócio. Segundo eles, os projetos que foram feitos inteiramente dentro de casa não atingiram o mesmo sucesso se comparados àqueles em que os colaboradores estavam imersos no dia a dia do cliente. Hoje, a Softplan é considerada uma das empresas mais inovadoras do Brasil (em um prédio de fazer inveja às empresas do Vale do Silício). Na minha visão, isso é resultado do foco no cliente. Ouvir o consumidor faz mais diferença para o sucesso de qualquer tipo de projeto do que qualquer outra ação.

Se realmente quisermos pensar como startups, não podemos abrir mão do seu maior segredo: o contato constante e direto com seus clientes. Essas interações levam ao aprendizado constante, e quem aprende mais rápido lidera seus mercados.

## ENTENDENDO O *JOB TO BE DONE*

Talvez este tenha sido um dos grandes aprendizados na minha interação com startups. Nossa cabeça está orientada a pensar em concorrentes como matrizes e clientes em definições macro de perfis. No entanto, as definições são bem mais fluidas do que isso. Ou seja, acreditamos que os clientes de uma empresa são homens ou mulheres, de tanto a tantos anos, com tal perfil de renda e moradores de determinada região. Essas definições trazem certo conforto, mas generalizam demais e não expressam o que realmente está sendo vendido e quem tem o problema que a empresa pode solucionar.

Descobri isso analisando centenas de startups. Geralmente, enxergamos negócios muito parecidos e acreditamos que eles brigam pelos mesmos clientes. Contudo, quando olhamos cuidadosamente, vemos que, embora o segmento de mercado seja o mesmo, muitas vezes trabalham com clientes completamente diferentes.

Um bom exemplo dessa análise são os aplicativos de transporte, como Uber, Lyft e 99. A intuição popular nos diz que esses aplicativos reduzem o número de taxistas e afetam de maneira extremamente negativa o crescimento desse mercado. Ou seja, como se todos estivessem concorrendo diretamente. Não é o que mostram as pesquisas. Segundo análises realizadas nos Estados Unidos[33] e no Brasil[34], o "efeito Uber" não reduziu o número de motoristas na rua, muito pelo contrário. A pesquisa brasileira, realizada em 2017, analisou a entrada do Uber em relação ao número de empregos e rendimentos dos motoristas de táxis e concluiu que o impacto é muito pequeno e, muitas vezes, inexistente. Na maior parte dos mercados, houve um crescimento no número de motoristas de táxi.

Como isso pode acontecer, se aplicativos como o Uber são substitutos dos táxis? A explicação é muito simples. O *job to be done* dos dois serviços é bem diferente.

Explico.

O conceito do **job to be done** (trabalho a ser feito) foi criado por Clayton Christensen e popularizado no famoso livro *O crescimento pela inovação* (2003) e, mais recentemente, foi abordado em *Muito além da sorte* (2017), também de Christensen e os coautores Karen Dillon, Taddy Hall e David S. Duncan. A teoria é muito simples: quando contratamos um produto ou serviço, estamos contratando-o para resolver algum trabalho, algum job. Por exemplo, você acabou de acordar e o job a ser feito é preparar o café para beber. Este job poderia ser resolvido por uma máquina elétrica com cápsulas de café, pela padaria da esquina ou por um bule de água onde você mesmo prepararia o café. Nesse caso, todas essas opções são concorrentes, sob o ponto de vista do consumidor, mas cada uma apresenta diferentes graus de performance para atender a mesma necessidade. A máquina elétrica pode ser mais prática, enquanto o café na padaria da esquina mais impessoal e o café preparado por você representar um momento em que consegue se desligar um pouco do trabalho e das demandas a cumprir e cuidar de uma etapa do seu dia que goste muito.

Pegando outro exemplo que todos conhecem, a Netflix, podemos fazer um pequeno exercício. Supondo que o job da Netflix é entreter a família durante algumas horas ao longo da semana, quem seriam os concorrentes desse job? Jantar fora com a família? Ir ao cinema? Jogos de tabuleiro? Uma garrafa de vinho? Todas as anteriores e mais algumas. É fácil entender o concorrente da Netflix como os outros serviços de streaming, mas podemos nos enganar redondamente. E mesmo a Netflix pode concorrer com vários outros jobs, como entreter crianças pequenas ou tornar viagens de avião menos entediantes.

Este raciocínio muda bastante a maneira como pensamos na concorrência. Concorrente não é quem faz um produto parecido, mas quem faz um produto para ser usado em um momento parecido. O *job to be done* nos faz entender melhor com o que realmente concorremos e permite que possamos analisar a nossa performance real em relação a esses concorrentes. Também faz com que nos tornemos muito mais focados em nossos clientes e seus problemas. Força-nos a entender a sua jornada detalhada e como podemos melhorar o nosso produto ou serviço baseando-nos nesses aprendizados.

Voltando aos aplicativos de transporte. Em vez de roubar espaço dos taxistas, eles atenderam um novo job de consumidores que, muitas vezes, não pensavam em táxi ou outros transportes públicos antes deles. Os aplicativos mostraram que era possível usar transporte pago em contextos em que iríamos a pé ou de carro, por exemplo. Hoje existe uma grande tendência de as pessoas venderem seus carros e passarem a utilizar apenas aplicativos para se locomover em razão da conveniência e do custo mais próximo do seu orçamento. Vários jovens abandonaram o sonho de possuir um carro, por exemplo. E os taxistas acabaram pegando carona nesse novo job, pois passaram a adotar a mesma mecânica dos aplicativos. Surgiu um novo mercado.

Pense agora no impacto desse conceito, o *job to be done*, em todas as áreas de qualquer negócio. As decisões de produto e marketing, por exemplo, que podemos fazer se pensarmos no job que estamos querendo resolver passam a ser muito mais claras e fáceis de priorizar. Além disso, faz com que tenhamos de ir a campo e entender cada vez melhor os nossos clientes.

## GANHA A BRIGA QUEM TEM O CLIENTE

Já estabelecemos que as mudanças estão cada vez mais rápidas e dinâmicas e só se tornarão mais intensas nos próximos anos. Por isso, é muito difícil fazer apostas, mas tem uma que posso arriscar com bastante segurança: vai ganhar a briga quem tiver o cliente na mão. Ou seja, quem conseguir dominar os canais de acesso ao cliente e tiver uma relação positiva estabelecida terá uma vantagem competitiva considerável em relação à concorrência.

O antídoto contra o dinamismo do mercado é um foco obsessivo em conhecer e, principalmente, estabelecer uma relação eficiente com o cliente. Isso pode ser visto claramente nos líderes do mercado. Todas as empresas que mencionamos, do Facebook ao Google, sem exceção, possuem um forte relacionamento com seus usuários. Muitas são utilizadas várias vezes ao dia, o que é algo formidável do ponto de vista de relacionamento.

A maioria dessas empresas se relaciona com os clientes de forma digital. Quando eu vejo esforços de transformação digital nas grandes companhias eu me pergunto quantas dessas iniciativas estão focando diretamente o cliente e quantas estão simplesmente digitalizando seus processos? É através da integração entre os canais digitais e os demais pontos de contato que estabelecemos uma relação com pessoas de modo consistente.

Não adianta apenas criarmos uma relação e termos consistência *omnichannel*. Talvez isso funcione atualmente, quando a maior parte das empresas ainda está desconectada, e quem usa seus serviços sente-se, não ocasionalmente, frustrado até mesmo para ações e necessidades muito básicas. Para realmente conquistar o cliente, precisamos que eles adorem os nossos produtos e serviços. Sim, é uma relação de amor.

Sempre que avaliamos startups, uma das coisas mais importante que observamos é a relação entre os clientes e os produtos da empresa. É muito comum que a métrica apresentada seja apenas o número de clientes pagantes da empresa. No entanto, queremos ir além e saber quantos clientes realmente **amam** a startup. Inclusive, frequentemente, ligamos para os clientes e perguntamos: "O que aconteceria se esta startup desaparecesse amanhã?". Quando a resposta é morna, sabemos que a relação ainda não está no nível necessário para construir uma grande empresa.

O setor industrial é particularmente afetado por essa tendência, uma vez que, tradicionalmente, não se relaciona de maneira direta com quem realmente usa seus produtos. A relação se estabelece com o varejo. Uma das grandes mudanças trazidas pelo e-commerce e os canais digitais é a desintermediação e a integração vertical. Um exemplo bom é o Dollar Shave Club, que foi comprado pela Unilever por US$ 1 bilhão em 2016[35]. A startup basicamente vende assinaturas de kits para barbear. A principal diferença do modelo tradicional é que, além de gerenciar toda a camada de marketing (de forma muito criativa, por sinal), ela também estabeleceu a relação direta com os consumidores. Não só vendia diretamente, controlando toda a experiência, como vendia pacotes de assinatura, estabelecendo uma relação duradoura. Tudo que a Unilever não tinha.

Tradicionalmente, um consumidor vai até o varejista, olha as diversas opções e toma uma decisão de compra. O que empresas como a Dollar Shave Club estão fazendo é tirar essa camada de decisão. Ela passa a ser feita on-line. E isso está acontecendo em todos os nichos de compra, no supermercado, nas lojas de vestuário, em cursos... Startups como a Postmates e a Instacart estão fazendo as compras diretamente para os consumidores, que só precisam fazer seus pedidos no aplicativo e esperar sentados seus produtos em casa. Quem você acha que influencia mais a decisão de compra de um cliente nessa nova lógica?

Todas as empresas deveriam se perguntar:

- Estamos nos relacionando diretamente com os nossos clientes?
- Quais canais poderíamos começar a utilizar para estabelecer uma relação mais próxima com nossos clientes?
- Nossos clientes nos amam? Como trabalhar nossos produtos para garantir uma experiência ainda melhor?
- No mercado, quem estabelece uma relação mais direta com os nossos clientes, mesmo que hoje não o entendemos como concorrente?

## MEDINDO AS COISAS CERTAS

Um dos cenários mais comuns em grandes corporações é um desalinhamento entre as diversas áreas que deveriam entender e atender aos clientes. De produtos a marketing, todas deveriam ter metas compartilhadas. Quando converso com líderes dessas áreas, o que me chama a atenção é justamente ver o oposto do esperado.

A estrutura de silos, a política corporativa e vários outros fatores impactam nesse desalinhamento. No entanto, creio que isso possa ser facilmente resolvido quando colocamos o cliente no centro da equação. Se sabemos que isso é o mais importante na empresa, basicamente encontrar o que medir se torna um exercício de lógica e ajustes.

A pergunta deveria ser: Quais indicadores de performance (KPIs) mostram que o cliente está no centro da equação?

Geralmente, vamos passar por metas de satisfação do cliente, como o NPS (Net Promoter Score), que é calculado em uma escala de 1 a 10, na qual o cliente deve responder quanto ele estaria propenso a indicar a empresa a um conhecido. Ou medimos quanto realmente o cliente está engajado em nosso produto (especialmente quando é um produto digital), que vai desde a recompra ao efetivo uso dos produtos. As formas de medir essa relação entre cliente e empresa costumam ser simples e diretas. Mais do que uma fórmula, precisamos ter poucos e bons indicadores que nos deem uma visão clara de como está a performance da empresa diante dos clientes.

O mais importante é envolver mais de uma área da empresa nesse processo e garantir que esses indicadores sejam compartilhados de modo que se tornem não apenas métricas, mas ações efetivas. Além disso, acredito que seja importante que essa análise e seus resultados estejam atrelados aos processos formais de avaliação e bonificação dos colaboradores envolvidos.

Um ponto que eu defendo é a utilização de dados primários para estabelecer os KPIs. É muito comum que as empresas utilizem relatórios de mercado, mostrando *market share* ou outros indicativos de performance relativa. Embora eu acredite que esses dados sejam muito valiosos, penso que deveríamos medir, para fins de alinhamento, apenas dados primários, portanto, que a própria empresa capte diretamente com seu cliente, e que isso aconteça em ciclos curtos. Ou seja, KPIs que possam ser atualizados com uma periodicidade semanal, por exemplo.

Se trabalharmos com esquadrões, ficará ainda mais óbvia a necessidade de utilizar esse tipo de dado, pois a relação de causa e efeito das ações efetuadas pela equipe e a alteração dos números é muito mais direta. Consequentemente, o engajamento também será muito maior.

Quanto mais simples e diretos forem os indicadores de performance da organização, melhores serão as respostas da equipe e mais criativas serão as soluções propostas. Em empresas em que os departamentos ainda sejam muito divididos, é fundamental um trabalho da liderança da companhia para integrar os diversos líderes de cada área. Esses líderes precisam compartilhar a crença de que esses KPIs são fundamentais para o sucesso da empresa e a otimização de seu trabalho. Precisam entender que, mesmo que não reflitam em resultados financeiros no curtíssimo prazo, trata-se da ação mais importante que a empresa pode efetuar para sua sobrevivência no longo prazo.

---

**Uma empresa que coloca o cliente no centro da equação:**

- Entende o *job to be done* dos seus produtos;
- Realiza conversas com frequência com seus clientes, em todos os níveis hierárquicos;
- Usa sempre a perspectiva dos clientes para tomar decisões;
- Utiliza dados concretos para medir as interações dos clientes com a empresa e sua satisfação;
- Quebra barreiras e hierarquias quando o assunto é melhorar a experiência dos clientes;
- Mesmo que não tenha contato direto com o cliente final, cria canais e métodos para estabelecer canais de relacionamento e aprendizado.

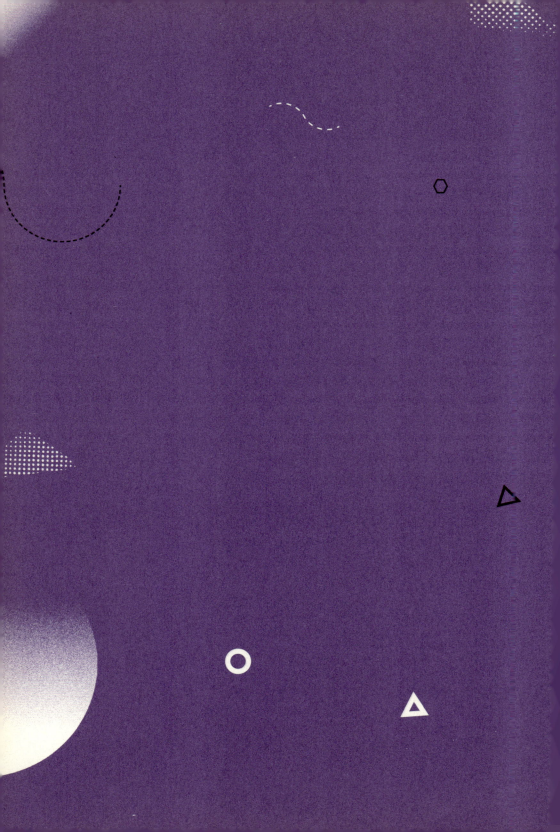

"QUANTO MAIS SIMPLES E DIRETOS FOREM OS INDICADORES DE PERFORMANCE DA ORGANIZAÇÃO, MELHORES SERÃO AS RESPOSTAS DA EQUIPE E MAIS CRIATIVAS SERÃO AS SOLUÇÕES PROPOSTAS."

# CAPÍTULO 7

# PENSE COMO UM INVESTIDOR

*"Eu errei mais de 9 mil arremessos na minha carreira. Perdi mais de 300 jogos. Vinte e seis vezes eu fui responsável por fazer o lance decisivo no jogo e perdi. Eu falhei várias vezes na minha vida. E foi assim que obtive o sucesso."*

Michael Jordan, um dos jogadores
mais renomados do basquete

**A FRASE** que mais ouço, em praticamente qualquer processo de inovação em grandes empresas, é: "Não podemos errar!".

Existe um medo generalizado em relação ao erro. A sensação é a de que só há uma chance para acertar ou o programa de inovação cairá em descrédito. A essa pressão autoimposta sempre respondo a mesma coisa: **a essência de um programa de inovação é errar bastante**. Aliás, é errar na maioria das vezes.

As empresas foram estruturadas em cima do mito do herói. Daquela pessoa que, por mais que tenha de enfrentar uma porção de adversidades e obstáculos no caminho, sempre entrega o resultado e supera as expectativas de todos. Contudo, essa pessoa não existe. E essa obsessão por alguém que sempre vá dar resultados positivos e invejáveis é um problema. Não me entenda mal, eu sou uma das pessoas mais pragmáticas que você vai encontrar. E acredito que os projetos devem entregar resultados, sim.

O meu ponto aqui é entendermos claramente como funciona o processo de projetos orientados à inovação. Para entregar resultados, é preciso desenhar várias hipóteses, testá-las e se preparar para muitas mudanças no percurso, porque várias das teorias levantadas no planejamento não se provam verdadeiras quando colocadas no mercado, e assim é em qualquer busca por novas descobertas, especialmente na ciência.

A taxa de sucesso do grande inventor e empreendedor Thomas Edison era muito baixa. Ele contava com vários times, trabalhando simultaneamente em várias invenções, para que algumas funcionassem e ele pudesse patentear para, posteriormente, fabricar em seu complexo.

Ao contrário do que normalmente pensamos, não foi Edison que inventou a lâmpada[36]. Ele a aperfeiçoou. Ele não se conformava que não pudesse ser comercialmente viável e testou diversas abordagens até encontrar a que funcionou. Ele testou 10 mil variações até encontrar uma que funcionasse. Ou seja, ele desenvolveu hipóteses e testou. E esta é uma característica das empresas mais inovadoras do mundo.

O Google é, sem dúvida, uma das empresas mais inovadoras do mundo, certo?

Você se lembra de produtos como Google Buzz, Google Wave ou até mesmo o Google Glass? Todos foram grandes fracassos. No entanto, tenho certeza de que quando associamos Google e inovação, pensamos no Google Docs, Android, Gmail e tantos outros sucessos. Estamos acostumados a pensar em sucessos e, por isso mesmo, esquecemos a importância do erro e das diversas tentativas até chegar lá.

Buscar o novo exige o teste, a tentativa. E também exige a mentalidade correta para isso.

Não vamos nos enganar. Errar é ruim. A sensação de dedicar tempo, esforço e expectativas e ver tudo isso cair por terra é a pior possível. Daí decorre a aversão corporativa ao erro, no meu entendimento. Queremos fugir do sentimento das frustrações. No entanto, a melhor maneira de encarar o erro é como aprendizado. Ou seja,

**A CADA HIPÓTESE QUE TESTAMOS E NÃO SE PROVA VERDADEIRA TEMOS UMA NOVA LIÇÃO IMPORTANTE E A CHANCE VALIOSA DE PARAR DE INVESTIR TEMPO, ENERGIA E ATÉ MESMO DINHEIRO EM ALGO QUE PODERÁ NOS TRAZER AINDA MAIS PREJUÍZOS.**

A aceitação do erro como um meio para atingir um resultado é algo difícil de ser assimilado na maioria das empresas. E, para mim, a outra razão disso é a magnitude dos erros cometidos. Não é raro lermos no jornal erros que custaram milhões de dólares em vários tipos de negócios. Os executivos são sumariamente demitidos, na maioria das vezes, por permitirem um erro capaz de comprometer inclusive a continuidade da organização. Erros assim são caros, porém, não são a estes que me refiro.

O trabalho com as startups me fez olhar os erros de uma forma completamente diferente. A jornada para encontrar um produto que funcione ou um canal de vendas que consiga fazer o negócio crescer é repleta de erros, mas a grande chave é que são erros pequenos. E são estes que as empresas deveriam cometer: erros pequenos e conscientes.

Uma área de marketing não deveria fazer uma campanha milionária e torcer para que ela funcione. Uma área de desenvolvimento de produto não deveria trabalhar por anos em um novo produto sem ter contato com o cliente logo no início do projeto. As metodologias de inovação listadas neste livro são para que estes grandes erros sejam substituídos por pequenos e mais constantes erros.

Quando os executivos me dizem que precisam acertar, eu sento e explico como funciona a cabeça de um investidor. Normalmente, os fundos de investimento, chamados de fundos de Venture Capital, pensam com um raciocínio muito próximo do que estamos falando aqui. Eles sabem que vão errar. Aliás, sabem que vão errar, em alguns casos, mais de 90% das vezes. E nem por isso deixam de fazer investimentos de acordo com a tese estabelecida. Isso porque os poucos acertos garantirão retorno suficiente para pagar pelos erros cometidos – e ainda sobrará um bom dinheiro. É claro que eles gostariam de apostar apenas em empresas que darão muito certo, mas isso é impossível: em condições de incerteza como as em que trabalham as startups, não há quem consiga acertar sempre, e a diversificação é o melhor caminho.

Acredito que a forma mais eficiente de pensarmos em inovação é pensarmos como um investidor.

## PERDAS *VERSUS* GANHOS

O ser humano tem algumas características comportamentais muito peculiares.

Uma delas é a nossa aversão à perda. Detestamos perder. Aliás, preferimos não perder a ganhar alguma coisa. Amos Tversky e Daniel Kahneman foram os primeiros a se dar conta do fenômeno da Aversão à Perda, no qual as pessoas têm mais satisfação em não perder R$ 100 do que em ganhar R$ 100, por exemplo. Kahneman, ganhador do prêmio Nobel, documentou diversos estudos no seu excelente livro *Rápido e devagar* (2012).

No meu entendimento, muito da nossa aversão ao erro está relacionada ao medo de perder. Nas grandes corporações, esse medo fica muito evidente, não apenas pelo risco de perder o emprego, mas também de perder relevância e respeito dos pares e superiores na hierarquia da organização. A arquitetura social corporativa não está montada para privilegiar os ousados. Somente os ousados que acertam. Nesse cenário, todos querem provar o seu valor acertando cada vez mais – mesmo que para isso tenham de ousar menos e caminhar apenas pelas estratégias mais seguras.

O efeito dessa estrutura é o oposto da inovação. Todos vão assumir a postura mais segura possível e buscar as "apostas certas".

Essa postura faz com que nenhuma ideia nova seja tentada, e estabelece-se um pacto de mediocridade. Ao mesmo tempo, todos dobram os esforços naquelas iniciativas que sabem que funcionam.

Quando pensamos no setor em que atuo, de investimentos em startups, a lógica é completamente diferente do pensamento de aversão à perda. Os investidores se encaixam em várias categorias. Normalmente, os maiores cheques são feitos pelos fundos de Venture Capital, que restringem o número de negócios a receberem investimentos, enquanto Investidores-Anjo e Aceleradoras fazem investimentos menores, mas em um número maior de startups. Ou seja, quanto maior o tamanho do cheque, menos investimentos são feitos e vice-versa.

Os fundos ganham dinheiro quando existe um evento de liquidez, ou seja, quando alguém compra a sua participação na startup. Este evento pode ser feito por um fundo maior, pela venda da empresa a um comprador estratégico (que é o que acontece na maioria das vezes) ou o sonhado IPO (*Initial Public Offering*, ou Oferta Pública Inicial), quando a empresa abre seu capital na bolsa de valores. O objetivo do fundo é obter múltiplos do valor investido na startup. Por exemplo, se eu investi R$ 500 mil em uma startup e fiquei com 10% dela como participação, ela precisa ser vendida por múltiplos de R$ 5 milhões para que meu investimento comece a ter retorno, afinal se a venda for por qualquer valor abaixo disso não receberei de volta sequer os R$ 500 mil investidos inicialmente.

A parte mais curiosa é a distribuição desses retornos. A maior parte das startups que recebem investimento vai ter uma performance abaixo do esperado. Várias vão fechar as portas ou ser adquiridas por concorrentes por valores bem abaixo do desejado. E isso faz parte desse modelo de negócio.

Na verdade, mais de 80% dos investimentos feitos por um fundo não vão dar o retorno esperado. E mesmo nos 20% que vão pagar a conta, apenas alguns dos investimentos terão múltiplos muito grandes. Ou seja, os retornos virão de uma parte muito pequena do portfólio. É por isso que chamamos de capital de risco. E bota risco nisso[37]!

Como os fundos pensam na composição do portfólio?

Em primeiro lugar, eles não podem pensar "este investimento não pode dar errado".

O raciocínio é exatamente o oposto: Caso este investimento dê certo, qual o tamanho desta oportunidade? Ou seja, em vez de se preocupar em minimizar o risco de dar errado, os investidores estão preocupados em maximizar as oportunidades. Eles fazem isso avaliando cuidadosamente o potencial da empresa investida. Por isso, os critérios para avaliação de uma startup vão mudar de acordo com o estágio de investimento, mas normalmente vão girar em torno da qualidade do time que está tocando o projeto e do tamanho do mercado. Esta última análise serve para justamente avaliar o tamanho da oportunidade.

Todo o modelo de investimento em startups foi desenhado contemplando a perda de boa parte do valor investido nelas. Isso possibilita que as apostas feitas sejam mais ousadas e conscientes em relação ao estado de maturidade do fundo e da organização em questão.

Pensar como um investidor diz respeito a invertermos a lógica do raciocínio tradicional quando estamos falando de projetos de inovação: em vez de minimizar os riscos, maximizar as oportunidades.

## GERENCIE O PORTFÓLIO
## DE INOVAÇÃO COMO UM INVESTIDOR

Se o objetivo é maximizar a oportunidade, como podemos trazer este raciocínio para o dia a dia da inovação nas grandes empresas?

Em primeiro lugar, devo reforçar que esse raciocínio deve ajudar a gerenciar a incerteza que envolve a grande maioria dos projetos de inovação. Ele pode ser aplicado tanto aos grandes projetos de inovação, abrangendo novos produtos e negócios, como ter um olhar micro, enxergando as iniciativas dentro de uma área específica da corporação, como o marketing, por exemplo.

Alguns fatores que devem orientar o pensamento em inovação enquanto portfólio são:

- **Várias hipóteses testadas, com menor tempo e investimento possíveis** – Se você for tirar um ponto apenas da leitura deste capítulo, que seja este. Está alinhado diretamente com o fato de estarmos lidando com o imponderável, e precisamos ter um volume de apostas considerável para conseguir obter o retorno necessário.

- **A maioria das apostas vai dar errado** – Assim como em um fundo de investimentos, a grande maioria das apostas que fizermos dentro da empresa vai dar errado. Contudo, vamos aprender mais rápido do que o ritmo do mercado com esses erros. E no mundo dos negócios, ganha a briga quem aprende mais rápido.

- **Hipóteses devem ser testadas e avaliadas de forma estruturada** – Só por que existem diversas iniciativas acontecendo dentro da companhia, não quer dizer que elas estejam sendo acompanhadas da mesma forma e organizadas como um portfólio de inovação. Somente conseguimos extrair aprendizado das iniciativas que são feitas de forma estruturada.

- **A alocação do capital deve seguir o progresso das iniciativas** – Geralmente, um fundo de investimentos aloca uma parte do capital para fazer os investimentos iniciais e outra para dobrar a aposta naquelas companhias que estão com performance acima da média. Em uma corporação, podemos usar a mesma lógica: fazer apostas pequenas no início e, à medida que os projetos mostram progresso, alocamos mais capital.

■ **O time é mais importante que o projeto** – Existe um ditado no mundo dos investimentos: um bom time faz um projeto medíocre ter resultados acima da média, enquanto um mal time não consegue fazer um projeto bom andar. Inovação se faz com pessoas, e isso deve ser um dos pontos centrais de avaliação do portfólio.

A visão de um portfólio de inovação tem o formato de um funil, com características bem específicas. Em primeiro lugar, ele tem esse formato para administrar o volume de iniciativas *versus* o estágio de cada uma. Em segundo, ele mostra as iniciativas que merecem receber mais recursos da organização com indicadores reais de progresso.

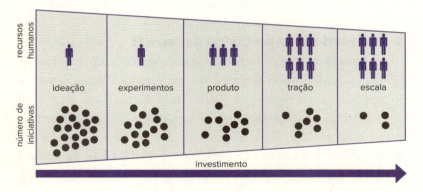

**Figura 3** Funil de Inovação.

As iniciativas nascem como hipóteses, ou ideias, que podem ter algum impacto no negócio. São propostas pelas próprias equipes e, geralmente, são embasadas no aprendizado que já tiveram. O próximo passo é desenhar experimentos concretos que possam demonstrar essas hipóteses e podem ser executados de várias formas. O importante é que o resultado dos experimentos forneça evidências para justificar o próximo passo de investimento.

Quando se tornam produtos, os projetos já podem ser avaliados de forma mais objetiva, com números claros e entregáveis concretos. Uma vez que esses produtos provam que funcionam em uma escala mais restrita, a empresa decide escalá-los, com mais recursos humanos e financeiros. A partir daí, trata-se de garantir que a iniciativa está tracionando com a velocidade máxima, e cabe à empresa decidir se mantém dentro de casa ou cria uma nova unidade na corporação, por exemplo.

A tabela a seguir ajuda o entendimento de cada um dos estágios:

| Estágio | Método | Como medimos progresso |
| --- | --- | --- |
| Ideação | Prototipação e entrevistas com potenciais usuários do projeto. Utilização de metodologias como o Design Sprint. | Evidências das validações realizadas em campo. |
| Experimentos | Criação de testes reais com clientes/usuários utilizando um MVP (mínimo produto viável). | Dados de utilização por parte dos usuários e feedback. |
| Produto | Desenvolvimento da primeira versão simplificada do projeto, possibilitando testes mais concretos com os clientes/usuários. | Dados de utilização por parte dos usuários e feedback. Evidências do cumprimento do *job to be done*. |

➔

| Estágio | Método | Como medimos progresso |
|---|---|---|
| Tração | Ajustes no projeto e exposição para um número ainda maior de clientes/usuário. | Dados de utilização por parte dos usuários e feedback. Métricas mais avançadas de uso do projeto e aquisição de usuários, quando for o caso. |
| Escala | Aperfeiçoamento do projeto e avaliação de como a empresa vai tratá-lo daqui para a frente: mais investimentos, *spin-off* ou incorporação na área de negócios. | Métricas mais avançadas de uso do projeto e aquisição de usuários, quando for o caso. Resultados financeiros concretos. |

A visão do funil permite aos executivos entender quantos e quais projetos de inovação estão acontecendo na corporação. As métricas de acompanhamento garantem que serão avaliados de maneira única, buscando remover o máximo da subjetividade do processo. A importância de um sistema como esse se dá porque várias iniciativas promissoras são mortas mesmo antes de terem a oportunidade de provar se fazem sentido na corporação justamente pela falta de um modelo de acompanhamento e de estágios claros para a avaliação. Assim, o funil consegue proteger as iniciativas enquanto ainda estão frágeis e garante que a corporação tome as medidas necessárias quanto ao volume de projetos e ao investimento financeiro conforme os projetos se desenvolvem e amadurecem.

Os tipos de projeto que serão acompanhados no funil geralmente se encaixam em duas categorias: ou buscam a eficiência interna ou a criação de novos negócios. Quanto mais maduras as empresas em inovação, mais iniciativas de novos negócios veremos no funil. Quando se atinge uma massa crítica maior no número de iniciativas, é possível criar dois funis, um para cada categoria.

A maior parte das iniciativas do funil vai falhar. Isso é garantido. E é justamente por isso que devemos pensar como um investidor ao avaliar as oportunidades com as quais nos deparamos. Muito mais do que garantir o sucesso das iniciativas, o funil garante que aquelas que realmente darão o retorno esperado de inovação para a companhia recebam os recursos que precisam, na hora certa.

Um investidor precisa ter retorno em um prazo determinado. Geralmente, um fundo de investimentos tem 10 anos de vida. Ou seja, em teoria, os gestores precisam retornar o fundo aos seus investidores, com os múltiplos desejados, após 10 anos da sua criação. Essa pressão por prazo também faz com que os gestores tomem diversas decisões em relação ao portfólio, determinando o tipo de oportunidade em que buscam investir. Ao analisar o portfólio de inovação através do funil, os gestores da companhia também podem tomar decisões semelhantes e entender se possuem o volume necessário de iniciativas de inovação para trazer o retorno que a companhia espera e em qual prazo.

## CRIE UM CONSELHO DE INOVAÇÃO

Um dos grandes desafios dos executivos envolvidos em processos de inovação em grandes empresas é a dificuldade de aprovar os projetos e garantir que eles recebam os recursos necessários, no momento certo. Muito do processo de inovação é timing e existem vários itens burocráticos no processo decisório que impactam a fluidez dos projetos e fazem com que tudo demore mais do que o necessário.

Então, uma das maneiras mais eficientes para garantir que os projetos fluam de modo eficaz nas organizações é a criação de um conselho de inovação. Esse conselho geralmente é formado por vários membros da diretoria, muitas vezes contando com integrantes do próprio conselho de administração da companhia e participantes externos (especialistas em inovação ou empreendedores do mercado digital).

O conselho tem a função principal de garantir que o funil de inovação seja devidamente administrado, analisando as iniciativas dentro dos parâmetros previamente definidos e aprovando os investimentos necessários para as próximas etapas. Por meio de uma alçada já definida, o conselho deve ter a autonomia de aprovar verbas e matar os projetos que não estiverem evoluindo de acordo com o esperado.

A periodicidade das reuniões deve ser constante devido ao volume de iniciativas e ao dinamismo da evolução delas – recomendo reuniões mensais ou bimestrais. Para garantir o máximo de produtividade, a área de inovação deve ficar responsável por organizar a reunião e, principalmente, garantir que todas as informações relativas aos projetos estejam disponíveis de maneira clara e completa aos integrantes. Os times que conduzem os projetos também devem se responsabilizar pela qualidade das informações, participando, quando necessário, das reuniões para defenderem suas iniciativas e mostrar detalhes aos executivos, especialmente em estágios mais avançados.

## PESSOAS: O ELEMENTO CENTRAL

## INOVAÇÃO SE FAZ COM GENTE.

Esta afirmação deveria estar gravada em um cartaz nas salas dos principais executivos de todas as grandes empresas, porque muitas vezes esquecemos desse elemento fundamental da equação. Já mencionei o peso que existe na avaliação do time quando vamos fazer o investimento em uma startup, pois sabemos quanto um time é determinante para o sucesso ou o fracasso da iniciativa. Contudo, normalmente, não é assim que pensamos quando avaliamos um projeto.

Tendemos a enxergar um projeto de inovação da maneira que fomos treinados: escopo fixo e potencial financeiro. Na vida real, os projetos são bem mais fluidos. E isto é um bom sinal. Inovação não é uma linha reta; várias hipóteses não se confirmam, ou mostram novos caminhos ainda mais promissores, diferentes do original. Assim como o escopo, todas as previsões financeiras que fizermos não vão se confirmar.

Mesmo assim, continuamos tomando decisões olhando para esses fatores, quando deveríamos estar prestando muito mais atenção no time empreendedor. A principal matéria-prima de um funil de inovação é o capital humano. Ou seja, é impossível criarmos diversos projetos de inovação dentro da companhia sem um time que consiga executá-los com excelência.

E esse time precisa de tempo e esforço para ser formado. É claro que cursos e imersões vão ter um impacto importante, mas nada vai desenvolver mais as pessoas do que a experiência de atuar em um projeto real. Acredito que devemos olhar a formação dos intraempreendedores como um dos pilares mais importantes de qualquer projeto de inovação de longo prazo. Isso envolve dar a liberdade necessária para a equipe experimentar e errar, mas também pensar no futuro.

Uma das principais diferenças entre um intraempreendedor e um empreendedor de mercado são os incentivos aos quais são expostos. Enquanto um empreendedor, no mercado, pode quebrar na pessoa física caso o seu projeto dê errado, ao mesmo tempo poderá acumular muita riqueza caso dê certo. Os incentivos para um intraempreendedor são diferentes. O pior cenário que enfrenta é a demissão, caso o projeto fracasse. Em contrapartida, caso o projeto traga milhões em resultado para a companhia, ele se contenta com o bônus (quando há!). Eu acredito que devemos ajustar os incentivos.

Se estamos falando em despertar o espírito empreendedor dentro das organizações, devemos pensar em estruturas de incentivo que ajudem o intraempreendedor a participar do resultado gerado para a companhia. Esses incentivos podem envolver desde uma participação nos negócios que gere resultados reais até efetivamente criar uma nova empresa em que esse colaborador se torne sócio.

A Porto Seguro já é uma empresa reconhecida por inovar há muitos anos, tanto na criação de novos produtos e serviços, como na forma como está constantemente experimentando. Sendo uma das mais reconhecidas seguradoras do Brasil, constantemente liderando os rankings de qualidade do mercado, a empresa também é famosa pela ousadia em seus projetos de inovação.

Além de ter criado uma aceleradora de startups corporativa, batizada de Oxigênio, a Porto Seguro também resolveu atuar diretamente nos talentos intraempreendedores. Italo Flammia, diretor de inovação da empresa, foi responsável pela introdução do intraempreendedorismo como iniciativa formal dentro da Porto Seguro. Flammia percebeu que as mesmas metodologias que estavam funcionando para as startups apoiadas pela empresa também poderiam funcionar para projetos internos de inovação.

Então, em 2016, ele criou o projeto no qual o colaborador pode sair de sua função atual e tocar uma iniciativa de novos negócios por seis meses. Caso o projeto dê certo, esse colaborador se torna sócio do novo negócio criado; caso contrário, pode voltar às suas funções originais ou até mesmo desempenhar outras atividades em que seja possível aplicar os conhecimentos aprendidos. Flammia entendeu que existe um abismo entre os incentivos que os empreendedores encontram no mercado e os intraempreendedores, e criou um programa que possibilitasse um alinhamento entre a companhia e o colaborador.

Com o programa de pré-aceleração, qualquer pessoa dentro da companhia pode inscrever seus projetos de inovação para análise. A partir da aprovação por um grupo formado por diversos executivos da companhia, essa pessoa passa por uma imersão empreendedora juntamente com outros colaboradores que submeteram projetos. Depois disso, os times que saírem desse processo podem se dedicar seis meses exclusivamente à iniciativa selecionada.

Caso o projeto apresente resultados concretos, esses colaboradores podem se demitir e se tornar sócios da Porto Seguro em uma nova empresa. O estímulo para que a pessoa sinta de fato como é empreender no mercado se dá logo no princípio do projeto. Ao mostrar os primeiros indícios de que a startup tem futuro, o profissional deve tirar uma licença não remunerada de três meses do cargo que ocupa na Porto Seguro, para se sentir, de fato, dono daquela empresa que está criando. Trata-se de uma iniciativa que realmente transforma os colaboradores em empreendedores, com um real compartilhamento dos resultados e alinhamento de interesses.

O grande valor de projetos como os desenvolvidos pela Porto Seguro é que muitas vezes os funcionários tocam suas startups em paralelo, com ou sem o apoio da companhia. Dar apoio e ferramentas para quem tem o perfil mais empreendedor é uma forma de manter esses talentos dentro de casa, mesmo que desempenhando uma função completamente diferente.

Além disso, permitir que a pessoa foque no projeto que realmente faz seus olhos brilharem e dar a ela apoio e metodologia para desenvolver essas ideias aumenta o nível de sucesso dos dois lados. Quando conversei com Flammia para escrever sobre a Porto Seguro neste livro, oito projetos já tinham passado pelo programa de aceleração e apenas uma startup não tinha ido pra frente, uma taxa de sucesso excepcional.

Devemos constantemente nos lembrar de que são as pessoas que fazem os projetos de inovação acontecer, e existe uma correlação direta entre os melhores colaboradores da empresa e aqueles que vão se interessar em se envolver com as iniciativas desse tipo. Ao mesmo tempo, deveremos estar prontos para enfrentar as mais diversas resistências e objeções por parte das diversas áreas de negócio. Qualquer mudança de pessoas dentro da organização, especialmente quando lidam com os maiores talentos, vai despertar o sistema imunológico da inovação.

## PACIÊNCIA COM A MUDANÇA CULTURAL

Já sabemos que a cultura organizacional é um dos elementos mais difíceis de mudar em qualquer corporação. Se quisermos que a inovação entre no DNA da empresa, é preciso ter consistência e paciência. Consistência, através de programas estruturados e alocação de recursos. Paciência, uma vez que os resultados não vêm do dia pra noite.

A mudança proporcionada pela execução de programas de inovação não acontece de maneira uniforme, como acreditamos, intuitivamente. Ou seja, a empresa não se torna mais inovadora como um todo. Existe uma distribuição Pareto (segundo a qual 80% dos resultados vêm de 20% do esforço), como em qualquer outra iniciativa. A grande maioria dos colaboradores não se sensibilizará ou se engajará com os programas, e sim uma parcela menor, inquieta. E é esta parcela que vai provocar a mudança no restante da empresa.

Para conseguirmos a mobilização necessária, precisamos de um pequeno grupo engajado e comprometido a mostrar o progresso das iniciativas para o restante da empresa. Quando a Vivo implementou seus times ágeis na área de canais, as outras unidades da empresa desconheciam o que estava acontecendo lá. À medida que os colaboradores começaram a compartilhar sua satisfação em estar envolvidos em projetos tão diferentes e os resultados começaram a aparecer, várias outras pessoas da empresa começaram a se interessar pelo projeto. Outras áreas queriam implementar os mesmos métodos, e pessoas queriam se envolver nos esquadrões.

Os programas de inovação, quando bem executados, contaminam o restante da companhia. É preciso começar pequeno e pensar grande, tendo a paciência necessária para que as mudanças aconteçam.

## A IMPORTÂNCIA DE UMA REDE DE MENTORES INTERNA E EXTERNA

Um dos grandes segredos de uma aceleradora de startups é a sua rede. Com uma rede relevante de mentores, investidores e contatos no mercado, é possível apoiar o empreendedor em vários estágios do seu ciclo de desenvolvimento. Na ACE, por exemplo, se algum empreendedor precisa de apoio em temas como finanças, vendas, marketing e gestão de pessoas, acionamos os diversos profissionais que poderiam ajudá-lo em suas necessidades específicas. Esses mentores são especialistas em suas áreas e já passaram pelas mesmas dificuldades ou apoiaram startups com os mesmos desafios.

Se os empreendedores precisam de mentoria e apoio externo, por que não damos os mesmos recursos aos intraempreendedores? Os resultados são sensíveis quando oferecemos uma rede de suporte para que essas pessoas se desenvolvam, além de aparecerem muito mais rapidamente.

Como o próprio nome indica, uma aceleradora de startups tem a missão de fazer as pessoas chegarem mais rápido à maturação do negócio. E as metodologias e o contato com a rede são as grandes ferramentas para fazer isso acontecer. Nesse processo, não é raro encurtarmos em um ou dois anos o ciclo de desenvolvimento dos empreendedores.

Programas intraempreendedores deveriam seguir a mesma lógica, conectando os colaboradores que estão à frente dos projetos com os recursos necessários para se desenvolverem. Em nossas iniciativas nessa linha com grandes companhias, percebemos que o impacto das mentorias é decisivo para que o projeto evolua na velocidade necessária. E, mais do que isso, para que os intraempreendedores cresçam e utilizem seu máximo potencial.

Nos projetos intraempreendedores descobrimos uma pequena variação que faz toda a diferença no processo: em vez de apenas trazer mentores do mercado para ajudar os profissionais, também criamos uma rede interna de apoio. Executivos de diversas áreas da companhia se envolvem no programa, o que traz outras visões de dentro do negócio para o projeto. O impacto dessa iniciativa não é apenas a transferência de conhecimento, mas o engajamento de diferentes áreas de negócio e apoio que, de outra maneira, não se concretizaria com o programa de inovação.

Esses executivos, quando envolvidos no programa de mentorias, também precisam se capacitar. Dar mentoria não é apenas esclarecer dúvidas, mas fazer as perguntas certas e ajudar os mentorados a descobrir sozinhos alternativas para os diversos problemas que vão surgir. Trata-se de um programa de formação de pessoas, com ganhos para os dois lados.

A maior parte das grandes empresas tende a se isolar do mundo exterior e ver o lado de fora apenas pelos olhos de consultorias. Se quisermos pensar como um investidor na área de inovação, precisamos usar as armas que fazem os melhores serem bem-sucedidos. Utilizar a rede de relacionamentos é uma das formas de apoiar os empreendedores a resolver os problemas de maneira mais criativa e efetiva.

## A FALÁCIA DO CUSTO AFUNDADO

Como já vimos, queremos errar rápido e barato, de modo que não aconteçam as pressões e os dilemas com que estamos acostumados a nos deparar nas grandes empresas. No entanto, existe uma dificuldade muito comum nos projetos de inovação: matar as iniciativas quando não estão funcionando. Por quê? Existe um componente psicológico muito forte que impede a decisão de eliminar as iniciativas que não deram certo.

Conversando com um amigo, há alguns anos, ele me confessou que estava um pouco estressado com o seu final de semana. Eu perguntei o que estava acontecendo, achando que devia ser algum problema familiar. Ele me respondeu que tinha mais oito episódios para assistir de uma série de que não estava gostando. Na verdade, estava detestando. Eu, em seguida, perguntei por que ele simplesmente não parava de assistir, pois aquela atitude parecia masoquismo. Ele respondeu que já havia assistido cinco episódios e que agora tinha de terminar o que havia começado.

O meu amigo estava disposto a perder mais oito horas da sua vida por cinco horas já investidas em uma série que estava detestando. Este é um exemplo típico da Falácia do Custo Afundado[38], um fenômeno psicológico muito presente na vida de todos nós e que afeta o nosso processo decisório. Ele está muito presente na vida das organizações. Sabe aquele projeto que já gastamos milhões e sabemos que não vai funcionar? Pois é, conseguimos pensar em alguns agora mesmo, não é?

Temos dificuldade em entender que custos afundados não voltam mais. Por mais que eu tenha investido milhões em um projeto, esse dinheiro já foi gasto, é um custo afundado assim como as cinco horas que meu amigo gastou com sua série. Nosso primeiro impulso é não querer jogar fora o investimento realizado, quando, na verdade, deveríamos seguir por um caminho justamente oposto: a atitude mais racional que podemos ter é parar de investir recursos em algo que não funciona ou não está trazendo o que esperamos em termos de resultado.

No mundo dos investimentos, quando uma empresa em que colocamos dinheiro mostra sinais claros de que não vai mais avançar, podemos utilizar algumas estratégias para resgatá-la. Contudo, essas estratégias têm limite. Chega um momento em que precisamos decidir parar de investir nosso tempo e dinheiro. Fazemos um *write-off*, ou seja, assumimos que esse investimento foi perdido e o tiramos de nosso portfólio.

Para conseguirmos fazer *write-offs* em nossos projetos corporativos, precisamos entender com clareza se eles estão progredindo e se existe algo que possamos fazer para melhorá-los. Se não existir, nossa obrigação é interromper nosso investimento.

Para que esse processo seja menos doloroso, precisamos investir pouco inicialmente e seguir aumentando nossas apostas à medida que existem evidências de progresso. Quando gastamos pouco, inicialmente, fica muito mais fácil decidir interromper os investimentos sem tanto apego.

Errar rápido e barato é saber quando parar e entender o que aprendemos com o projeto. Também significa dobrarmos a aposta naqueles projetos que funcionam.

A seguir, alguns pontos para os líderes pensarem em seus processos de inovação como investidores:

| Etapa | Pontos a considerar |
|---|---|
| Mapeamento | • As iniciativas de inovação da companhia estão mapeadas? Temos um "card" para cada uma?<br>• Existe um responsável por cada uma delas? |
| Organização | • Qual etapa do funil podemos criar para separar cada uma destas iniciativas por estágio?<br>• Quais são as métricas que vamos acompanhar de cada uma? |
| Orçamento | • Existe um processo interno que reserva dinheiro para iniciativas que se provam?<br>• Como podemos criar um fundo de investimentos virtual dentro da empresa? |
| Comitê de inovação | • Quem são os executivos que poderiam compor um comitê de inovação dentro da companhia?<br>• Quais pessoas de fora poderiam ser convidadas? |

"QUEREMOS DUAS CARACTERÍSTICAS: ERRAR RÁPIDO E BARATO."

# CAPÍTULO 8

# MATE SEU PRÓPRIO NEGÓCIO

*"O novo ambiente de negócios dita duas regras: primeiro, tudo acontece mais rápido; segundo, tudo que pode ser feito, será feito, se não por você, por outra pessoa em algum lugar."*[39]

Andrew Grove, ex-presidente da Intel

**O MUNDO** dos negócios é repleto de histórias de empresas que não conseguiram acompanhar o ritmo da mudança dos seus mercados. Acabaram sucumbindo ao novo. Outras empresas tomam seu lugar, até que os ventos do consumo mudem novamente e outras apareçam para competir. E apenas algumas organizações conseguem sobreviver ao impacto do tempo e das mudanças de mercado.

Esse dinamismo do mercado é um aspecto que não podemos mudar. E se existe algo que podemos afirmar é que a velocidade dessas transformações só tem aumentado nos últimos anos. Aquilo que era certeza transforma-se rapidamente em dúvida com novos hábitos de consumo e tecnologias. E negócios somem do dia pra noite.

Se há alguns anos era possível alterar o rumo do negócio de acordo com as mudanças de mercado, hoje em dia isso não é mais suficiente. Precisamos atuar nas duas frentes: inovar e otimizar o negócio atual e, ao mesmo tempo, buscar os negócios que vão matar a nossa receita atual. É isso que fazem as empresas mais inovadoras do mercado, uma atitude que exige coragem.

Quando a Amazon lançou o Kindle (leitor de livros digitais), por exemplo, foi uma decisão alinhada a exatamente prever o que poderia acabar com seu modelo de negócio. Não só uma empresa de e-commerce estava colocando um hardware no mercado, mas também iria competir diretamente com a sua maior fonte de receita: os livros em papel. Anos depois, vemos a empresa liderando a venda de livros eletrônicos e em papel.

Tudo que escrevi aqui é facilmente compreensível por qualquer executivo de mercado. Eu diria mais: a maioria das pessoas defenderia essa tese. A questão não é o **porquê**, mas o **como**. É na criação e na execução de uma estratégia que possibilite a sobrevivência do negócio, ou seja, a criação de alternativas que matem o negócio atual que os principais obstáculos surgem.

Já participei de muitos comitês de escolha de startups em grandes corporações. Escolhas para desenvolver projetos conjuntos ou, até mesmo, investimento. Antes de realizar esses comitês é comum ter um alinhamento entre os executivos, mostrando que estamos buscando, muitas vezes, negócios que vão matar o negócio atual da companhia. Todos concordam, unanimemente.

Na hora da avaliação, porém, quando nos deparamos com negócios com potencial real para tirar a empresa do mercado, as reações são bem diferentes. Os executivos tendem a reagir de forma mais visceral, muitas vezes se opondo a avançarmos com determinada startup por insegurança. Eles se preocupam em criar um monstro, fortalecer alguém que pode, futuramente, ser muito maior do que a própria companhia, destruindo aquilo que por tanto tempo construíram. É claro que isso é exatamente o que queremos, mas não é fácil convencer o corpo executivo.

Além disso, não é simples entender o que efetivamente ameaça o negócio principal de uma empresa. As mudanças são bem mais sutis do que imaginamos, e montar cenários futuros é um desafio e tanto. Sabemos que vamos ser atingidos por uma bala perdida, mas é impossível saber de onde vem o tiro.

# REINVENTANDO O VAREJO

Entender que o mercado vai mudar, independentemente de qual seja nossa vontade, é um dos fatores fundamentais da estratégia de transformação do Magazine Luiza. Uma das empresas mais tradicionais do varejo brasileiro, fundada em 1957 no interior de São Paulo, a Magalu (como é carinhosamente chamada a empresa) é vista hoje como uma das principais referências quando o assunto é inovação no setor.

Nos últimos anos, a empresa trouxe para o mercado novidades como a oportunidade de consumidores se tornarem revendedores on-line da marca e a inclusão de uma camada de tecnologia em todas as áreas do negócio. Graças a isso, os funcionários da ponta da operação andam pelo estoque com um smartphone nas mãos, com todas as informações e estatísticas necessárias para a realização de seu trabalho.

Por trás dessas novidades está a crença de que sempre é necessário reinventar o negócio, adaptando-o às rápidas mudanças do mercado e às preferências dos clientes. Essa é a visão de Frederico Trajano, atual CEO da companhia e responsável pelo processo de transformação digital que tomou conta da Magalu nos últimos anos. Frederico diz que, hoje, o Magazine Luiza é uma plataforma digital com pontos físicos, e que a grande estratégia na inovação da empresa é aproveitar tudo o que foi construído até hoje – fazendo com que as barreiras entre suas mais de 800 lojas físicas e a versão virtual sejam cada vez menores.

Para que isso aconteça, mais de 50% do *capex* (*capital expenditure*, ou fundo de investimento para novas aquisições de capital) da empresa é ligado à tecnologia. A área é liderada por André Fatala, que entrou na empresa em 2010 para criar uma área de inovação e hoje é o CTO da companhia. Segundo ele, o processo de transformação foi acontecendo de modo gradual. O primeiro projeto mais relevante, o Magazine Você, de venda direta pela internet, teve um investimento de apenas R$ 90 mil e saiu do papel em cerca de três meses. Um ritmo digno de startup. Com o sucesso do projeto, Trajano, Fatala e seu time foram em busca de outras oportunidades de transformação dentro da Magalu, para, passo a passo, promover uma transformação real no negócio.

Outros projetos estavam saindo rapidamente do papel, como o Clube da Lu (um clube de descontos), e a Quero de Casamento, uma lista de presentes para quem está prestes a se casar. Com a importância da inovação já comprovada no varejo virtual, foi a hora de partir para o ambiente físico. O time de inovação visitou as lojas para mapear os gargalos que atrapalhavam a operação e propor soluções. Foi daí que nasceram iniciativas como a que possibilitou que todos os funcionários das lojas utilizassem apenas seus smartphones durante o trabalho – fazendo neles o atendimento inicial e até a aprovação do crédito do cliente. Outro bom exemplo é a autonomia maior dada a todos os funcionários na negociação graças aos insumos trazidos pelo sistema. Com isso, a empresa passa a enxergar todo o negócio sob a ótica digital, superando as expectativas dos seus clientes.

A empresa executou suas principais inovações com um time dedicado e apartado da operação tradicional, chamado de LuizaLabs. Os times operavam como esquadrões, com filosofia próxima à que vemos nas startups de ponta no mercado. Em vez de copiar, a escolha da Magalu foi a de criar seu próprio caminho e desafiar conceitos que estavam arraigados no varejo como um todo. A decisão de apostar pesado no mercado digital mostra clareza de rumo. Ao mesmo tempo, integrar as lojas físicas dentro desta estratégia só fortalece o modelo. Para conseguir viabilizar este tipo de mudança em nível organizacional, somente uma parceria forte entre um líder que tem a visão de longo prazo e um time com execução acima da média.

## QUANTO MAIS INOVADOR, MAIS AFASTADO DO *CORE*

Eu já ministrei vários workshops de inovação, com executivos de diversos setores. Geralmente, as discussões são muito parecidas.

Todos compreendem a necessidade de falarmos de longo prazo, assim como o impacto das diversas tendências nas linhas de negócio atuais. Também entendem que os ciclos de mercado estão se tornando mais curtos. Entretanto, quando começamos a discutir questões práticas, grande parte das sugestões está relacionada à melhoria dos negócios atuais.

Não se trata de miopia, mas de condicionamento. Durante anos esses executivos são pressionados a entregar mais e melhor aquilo que já estão fazendo. Todos os incentivos corporativos estão direcionados a fazer mais e melhor. Como esperar que essas pessoas façam sugestões diferentes com apenas algumas horas de workshop?

Mesmo que eu direcionasse a conversa para discussões em torno de negócios mais inovadores, outras formas de entregar valor e desenhar o futuro, ainda assim, ao voltar para suas mesas, esses executivos continuariam com as mesmas prioridades de sempre. Peter Thiel, um dos fundadores do Paypal e investidor de diversas das maiores empresas do Vale do Silício, no ótimo livro *De zero a um* (2014), defende que cada pessoa, na organização, deveria ter apenas uma responsabilidade. Isso dá clareza e garante que aquilo que ela faz terá o maior nível de excelência.

Se queremos que os nossos executivos façam mais e melhor aquilo que já fazem, cobrar que criem negócios completamente diferentes nunca será uma prioridade. Aliás, prioridade é uma palavra que não tem plural. É fundamental que esses executivos apliquem diversos princípios do livro em suas respectivas áreas e unidades. Mas pedir que criem negócios completamente distantes do negócio atual da empresa só vai trazer ansiedade desnecessária ao processo.

A solução é colocar pessoas exclusivamente focadas em criar coisas novas. Em pensar e implementar negócios que estejam alinhados a teses de futuro, mesmo que isso signifique repensar o presente. Colocar gente exclusivamente com essa responsabilidade vai fazer com que os papéis fiquem claros para todos na organização, garantindo resultados efetivos e relevantes para a empresa.

A dificuldade de pensar negócios completamente novos não é uma das características das empresas tradicionais. Mesmo as mais inovadoras sofrem do mesmo problema. O Google chama essas oportunidades de *moonshots*, que significa, literalmente, atirar para a lua. O termo deriva da missão Apolo XI, que conseguiu levar o homem à lua. Significa apostas de alto risco, que têm um potencial muito grande caso tenham sucesso. Ou seja, mesmo que as chances de sucesso não sejam altas, ainda vale a pena persegui-las.

Para garantir que esses projetos não sejam sufocados pela estrutura tradicional do Google, foi criada uma empresa completamente separada, chamada de X (muita gente chama de Google X). Essa unidade é 100% autônoma e tem orçamento e equipe próprios, e os projetos que saem da X podem virar empresas independentes. Um exemplo é a Waymo, empresa que persegue o objetivo de facilitar o transporte através de veículos autônomos. O projeto se iniciou em 2009 e já conta com uma base de dados gigantesca, proporcionando o aprendizado necessário para treinar os algoritmos de Inteligência Artificial e garantir o cumprimento dos objetivos. Quando a empresa estava pronta para ganhar vida própria, recebeu mais investimentos da *holding* Alphabet (*holding* mãe do Google) e seguiu o seu próprio caminho.

Esses projetos têm o poder de transformar o mundo completamente caso sejam bem-sucedidos, garantindo uma receita futura incomparável ao negócio já existente. Assim como projetos envolvendo carros autônomos, a X também pesquisa balões com a capacidade de levar internet para regiões remotas do mundo, formas de armazenar energia utilizando sal e extração de energia da água do mar, por exemplo. Todos projetos complexos e com grande potencial futuro, mas absolutamente inviáveis se forem gerenciados dentro da estrutura tradicional da empresa.

A autonomia dessas unidades de inovação deve ser completa, operacionalmente. Entretanto, é importante que a liderança esteja integrada aos demais líderes da empresa. Charles A. O'Reilly III e Michael L. Tushman criaram o conceito da Organização Ambidestra[40]. Ele foi oriundo de uma pesquisa que os autores fizeram com diversas empresas tentando lançar produtos inovadores no mercado. Nesse estudo, eles compararam o design organizacional de cada empresa com o objetivo de entender como as empresas montavam suas estruturas para lidar com a inovação incremental (negócio atual) e aquelas que trazem uma descontinuidade ao negócio atual. Charles e Michael perceberam que as mais bem-sucedidas conseguiam separar completamente as unidades e, ao mesmo tempo, integrar a estrutura de gestão.

O desenho da Organização Ambidestra é bastante simples:

## QUANTO MAIS DISTANTE DO NEGÓCIO PRINCIPAL DA EMPRESA FOR O NOVO NEGÓCIO, MAIORES SÃO AS CHANCES DE QUE OS ANTICORPOS DA INOVAÇÃO O ATAQUEM.

Seja na demora de uma compra ou na necessidade de seguir determinada regra de contratação, vários processos vão impedir que as novas iniciativas tenham a velocidade e a agilidade necessárias. Além disso, existem questões culturais e de convencimento interno que tomam tempo e energia da liderança. Por exemplo, convencer o diretor de marketing do negócio atual que faz sentido perseguir essas oportunidades pode tomar valiosas horas que poderiam ser utilizadas testando o protótipo com clientes reais.

Ao mesmo tempo, é importante que as lideranças das unidades tenham um grande alinhamento, pois todos devem compartilhar do mesmo interesse em fazer a empresa ser bem-sucedida e vislumbrar o mesmo futuro. É aqui que entra o papel fundamental do CEO: garantir que esses líderes tenham trocas frequentes e compartilhem da mesma visão, através de contato constante e planejamento conjunto.

O mais importante é garantir que as unidades tenham independência e apoio para desenvolver as suas respectivas missões. Por experiência própria, aprovar uma estrutura como a que estou propondo aqui não é simples, especialmente quando a nova unidade tem uma tese de longo prazo e nenhum resultado para mostrar. Trata-se de uma análise a ser feita diretamente pelo conselho de administração da empresa, entendendo que existem oportunidades a serem exploradas e que se trata de um investimento de longo prazo no negócio. É o melhor exemplo da mentalidade de investidor em ação.

## COMO DESENVOLVER TESES DE FUTURO

Esta é, provavelmente, a tarefa mais difícil de um time que está pensando em inovação: saber onde apostar. Eu gosto da analogia com o surf. Quando um surfista está lá, esperando uma potencial boa onda, ele precisa saber enxergar os sinais. Aquela pequena ondulação, que pode se tornar uma excelente onda em alguns segundos dá apenas uma janela de tempo ao surfista. Os melhores atletas sabem ler os sinais e usam isso a seu favor.

Nos negócios, é muito difícil fazer previsões, como já discutimos no início do livro. Quando tudo já aconteceu é fácil dizer que era óbvio, mas quando existem apenas alguns sinais de que essa ondulação pode se transformar em uma onda na qual podemos surfar durante muitos anos, tomar uma decisão é uma tarefa dura. Já falamos na mentalidade de um investidor, que consiste em fazer várias apostas para garantir alguns *moonshots*, mas antes precisamos saber em qual direção vamos apostar. Para isso, precisamos desenvolver teses de futuro.

# UMA TESE DE FUTURO NÃO SE TRATA DE PENSAR EM TECNOLOGIAS QUE VÃO TOMAR CONTA DO MUNDO. TAMBÉM NÃO SE TRATA DE SER O PRIMEIRO A CHEGAR. TRATA-SE DE APOSTAR QUE O MERCADO VAI FUNCIONAR DE DETERMINADAS MANEIRAS NO FUTURO.

É claro que as tecnologias têm um papel fundamental nesse processo, mas o grande impulsionador do pensamento inovador é o comportamento dos clientes, por isso é tão importante conhecer os atuais e futuros clientes profundamente. Escolher as ondas que vamos surfar exige definições amplas o suficiente para conseguirmos fazer ajustes de rota e estarmos abertos a boas surpresas, mas direcionadas o bastante para que a empresa não saia atacando todas as oportunidades do mundo.

Antes de falar das teses, é importante retomar os tipos de inovação. Já falamos que a inovação deve permear toda a organização, portanto, deve servir ao negócio atual e, ao mesmo tempo, fomentar novos negócios. Diversos autores têm definições específicas dos tipos de inovação que uma empresa pode utilizar. Gosto das definições de Mehrdad Baghai, Stephen Coley e David White, que utilizam os horizontes de inovação[41]. Os autores definem três horizontes:

- **Horizonte 1** – Negócio principal da empresa – Alto grau de maturidade. São aqueles negócios facilmente associados ao nome da companhia. As iniciativas, nesse horizonte, têm o objetivo de otimizar e trazer mais valor ao que já existe.
- **Horizonte 2** – Oportunidades emergentes – Oportunidades novas que têm possibilidade de crescer rapidamente, dados recursos suficientes. As iniciativas, no horizonte 2, geralmente têm relação com a base atual de clientes da empresa, mas necessitam de apoio para que se desenvolvam na velocidade necessária.
- **Horizonte 3** – Descontinuidade do negócio – As iniciativas do Horizonte 3 estão relacionadas com novas fontes de receita e lucro, geralmente distantes do negócio atual. Em alguns casos, têm o potencial de concorrer e substituir os produtos e serviços atuais da companhia.

**Figura 4** O desafio de crescimento – gerenciamento simultâneo dos três horizontes. Adaptação do original apresentado por Baghai, Coley e White. Vide nota 41.

O entendimento dos três horizontes nos permite ter uma clareza maior em relação à alocação de recursos. As empresas, tradicionalmente, investem boa parte da sua energia no Horizonte 1 e alguma coisa no Horizonte 2, deixando de lado as iniciativas que trarão resultados futuros (Horizonte 3). Para montar um portfólio saudável de inovação, e, consequentemente, um funil que gere resultados futuros, é importante que a organização atue nos três horizontes simultaneamente, alocando os recursos necessários para cada um. A maioria dos recursos será destinada aos Horizontes 1 e 2, pois são iniciativas em que temos mais previsibilidade em relação aos resultados. A lógica da gestão de todas as iniciativas segue o modelo do funil da inovação, já apresentado no capítulo anterior.

As teses normalmente são mais bem definidas em consenso entre os líderes da companhia, idealmente em um workshop. É fundamental que seja feita pesquisa prévia, bem como o alinhamento entre todos os participantes sobre os objetivos dessa imersão. Nesse workshop, serão cruzadas as teses definidas com os três horizontes.

Para uma boa definição de teses, é preciso exercitar quatro elementos:

**1. O futuro dos clientes** – Mudanças comportamentais que podem impactar o nosso negócio.

■ Como projetamos comportamentos futuros com base nos comportamentos atuais?
■ Já existem mudanças em outros lugares do mundo às quais devemos ficar atentos?
■ O que as idas a campo nos mostraram?
■ Existem clientes que não estamos atendendo hoje e poderiam se tornar importantes para o negócio?

**2. O impacto da tecnologia** – Novas tecnologias ou intersecção de tecnologias que podem mudar o rumo do nosso negócio.

- Quais tecnologias poderiam fazer com que entregássemos nossos produtos e serviços atuais com muito mais velocidade, qualidade ou menor custo?
- Quais tecnologias poderiam transformar a nossa oferta?
- Como poderíamos utilizar a tecnologia para entrar em novos mercados?

3. **Assassinando o próprio negócio** – Como faríamos para matar o nosso próprio negócio se começássemos hoje?

- Que tipo de startup montaríamos se não tivéssemos nenhuma das amarras atuais?
- Como pensaríamos em produto e distribuição dessa startup?

4. **Dominando o mundo** – Como faríamos para aumentar a nossa receita em dez vezes, em cinco anos?

- Se tivéssemos a meta de aumentar em dez vezes a receita da empresa, em apenas cinco anos, supondo que investimento não fosse problema, o que faríamos?
- Como poderíamos pensar uma expansão internacional? Quais produtos ou serviços poderiam ser oferecidos?
- Que mudanças precisaríamos fazer em nossa estratégia comercial?

O debate em torno desses quatro elementos normalmente gera diversas ideias e reflexões, que devem ser devidamente priorizadas. Não teremos, geralmente, respostas objetivas a cada um dos itens, mas a discussão vai levar a novas conclusões. O item "Dominando o mundo", por exemplo, ajuda a pensarmos grande, de maneira mais agressiva. Alguns exemplos de conclusões que podem ser tiradas de debates como esse:

- **Empresa:** Banco
  Se os nossos consumidores estão indo cada vez menos às agências bancárias, e as tecnologias móveis, aliadas à escala da Inte-

ligência Artificial, poderiam oferecer produtos de forma muito mais assertiva do que os funcionários das agências, existem oportunidades na utilização dos diversos pontos de contato digitais no relacionamento com os clientes. Também existe oportunidade na aquisição de novos clientes que hoje não temos estrutura de custos para atender. Neste exemplo, a tese poderia ser: "Digitalização dos canais de atendimento e comercialização de produtos do Banco". Pensando nos três horizontes, poderíamos ter a seguinte distribuição de iniciativas:

| Tese | Horizonte 1 | Horizonte 2 | Horizonte 3 |
| --- | --- | --- | --- |
| Digitalização dos canais de atendimento e comercialização de produtos do Banco. | Iniciativa 1: Melhoria dos diversos canais digitais atuais.<br><br>Iniciativa 2: Criação de aplicativos específicos para perfis de clientes. | Iniciativa 1: Oferecer produtos aos clientes através de Inteligência Artificial dentro dos aplicativos atuais.<br><br>Iniciativa 2: Criar modelo de venda 100% on-line para novos clientes. | Iniciativa 1: Criação de uma nova empresa 100% digital com serviços que hoje não oferecemos.<br><br>Iniciativa 2: Investir em startups que atendam clientes que hoje não atendemos. |

■ **Empresa:** Varejista

Se os clientes estão comprando cada vez mais através de canais digitais, isso torna fundamental a mudança da experiência de compra nas lojas físicas, bem como a integração entre os diversos canais da empresa. Tecnologias como o reconhecimento facial e a automação de marketing podem tornar a experiência de compra algo único para os clientes. A tese poderia ser: "Revolucionar a experiência nas lojas físicas e a integração entre todos os canais de relacionamento com o cliente". Pensando nos três horizontes, teríamos a seguinte distribuição de iniciativas:

| Tese | Horizonte 1 | Horizonte 2 | Horizonte 3 |
|------|-------------|-------------|-------------|
| Revolucionar a experiência nas lojas físicas e a integração entre todos os canais de relacionamento com o cliente. | Iniciativa 1: Integrar o sistema de frente de caixa com o CRM.<br><br>Iniciativa 2: Ofertas personalizadas no checkout.<br><br>Iniciativa 3: *Pick-up* de produtos comprados no e-commerce na loja física (compra virtualmente, mas pode retirar em uma loja perto de casa). | Iniciativa 1: Introduzir o checkout sem fricção (pagamento digital sem o intermédio de um atendente) nas lojas.<br><br>Iniciativa 2: Criar ambiente de experimentação utilizando realidade aumentada. | Iniciativa 1: Criar empresa para entrega em domicílio de produtos em até 30 minutos.<br><br>Iniciativa 2: Criar novo negócio para coleta de dados por reconhecimento facial e automação de relacionamento. |

O cruzamento entre as teses e os horizontes permite que a definição das iniciativas seja mais objetiva e fornece clareza quanto à futura alocação de recursos da companhia. A pior coisa que o comitê executivo de um negócio pode fazer em relação à inovação é iniciar vários projetos sem ter uma linha condutora estabelecida.

Sugiro o desenvolvimento de duas a cinco teses, de modo a cobrir as principais oportunidades para o negócio. É fundamental que todo o raciocínio seja feito com uma postura de ataque, de como se pode aproveitar as diversas possibilidades que os novos cenários nos trazem. Dizer isso é importante porque o mais comum é que essas discussões sejam centradas em como proteger o negócio original da companhia. No entanto, estamos olhando para o futuro e pensando em como prosperar.

## CRIE UM POSTO AVANÇADO DE INOVAÇÃO

Se quanto mais distantes do negócio principal atual da companhia, mais as iniciativas serão afetadas pelo sistema imunológico da inovação, como garantir que a empresa se manterá visando o futuro? Para contornar este problema, a solução mais simples é separar a unidade que vai conduzir os projetos de **Horizonte 3** do restante da companhia. Chamamos essa unidade de Posto Avançado de Inovação.

Para estabelecer essa unidade e garantir a autonomia necessária ao time para que persiga as novas oportunidades, é importante que diversos processos sejam customizados, evitando gargalos na operação. Alguns exemplos de processos que podem impactar negativamente a velocidade da inovação:

| Processo | Como impacta |
|---|---|
| Suprimentos/Compras | A lentidão para contratação de novos fornecedores pode ser um obstáculo, especialmente se necessitar de várias alçadas de aprovação. |
| Jurídico | O cadastro de novos fornecedores geralmente leva em conta empresas estabelecidas. Muitas vezes será necessário contratar startups, que não possuem todos os requisitos-padrão da companhia para a contratação. |
| Orçamento | Um orçamento rígido e a necessidade de pedir aprovação de cada compra para mais de um executivo pode tornar o processo muito mais lento do que o necessário. |
| Recursos humanos | Diversas regras de cargos e salários podem afetar o enquadramento dos talentos necessários para conduzir o Posto Avançado de Inovação. |

Além de processos diferenciados, recomenda-se que a unidade opere em um local físico diferente do restante da empresa. Existe uma contaminação, mesmo que informal, com o contato constante com os times das áreas de negócio tradicionais. Para os participantes da iniciativa, é importante que se sintam em uma organização diferente, com regras diferentes da empresa-mãe. Esse local pode ser um escritório dedicado, ou posições em um espaço de *Coworking*, por exemplo.

Os projetos dentro da nova unidade podem ser gerenciados e acompanhados utilizando os métodos ágeis, já abordados nos capítulos anteriores. Embora seja uma unidade que busque quebrar regras, o Posto Avançado de Inovação precisa de método e pragmatismo para a avaliação dos seus resultados. As atividades e os avanços devem ser reportados de forma organizada e estruturada para o CEO e o Conselho de Administração periodicamente.

A liderança de uma unidade desse tipo também requer formação e preparo diferenciados. As pessoas que normalmente obtêm resultados mais rapidamente já possuem experiência considerável na condução de novos negócios e startups. Esse talento pode vir de unidades já existentes da companhia ou contratado no mercado. O time que responderá para essa pessoa pode ter diferentes configurações, mas geralmente vai dividir espaço com desenvolvedores, designers, freelancers e startups. A diversidade e a convivência são pontos importantes para gerar resultados concretos mais rapidamente.

Em vez de estabelecer que o Posto Avançado de Inovação vai conduzir projetos com o time interno ou contratar startups, é importante dar a autonomia para que as pessoas envolvidas possam utilizar diferentes configurações. Em um projeto pode fazer sentido utilizar a equipe interna, enquanto em outros é necessário um talento específico do mercado. Já outros projetos podem envolver a contratação, o investimento ou, até mesmo, a compra de uma startup.

É o que tem feito a Softplan, que citamos alguns capítulos atrás. Os projetos de inovação da empresa seguem diferentes configurações, que vão da criação de startups internas ao investimento em outras startups. Ao notar que seria necessário reinventar o próprio negócio de modo constante, os executivos da empresa resolveram explorar o que chamam de as várias **tendências de descontinuidade**.

Assim, fizeram testes para descobrir quais seriam os modelos que melhor se adequariam a cada uma das descontinuidades que se imporiam pela frente. Daí surgiram programas como o Inovagora, que, assim como o Oxigênio da Porto Seguro, possibilita aos funcionários ir para a rua testar novas ideias que, se funcionarem, serão apoiadas pelo grupo.

Em outros casos, o modelo ideal foi investir em startups do mercado, como faria um fundo de *venture capital*, iniciativa que, no mercado, é chamada de *corporate venture*. Por fim, para alguns desafios específicos foi criada uma *venture builder*, que é um tipo de iniciativa que une o incentivo à construção de um novo negócio com o estímulo a empreendedores externos (a empresa, por meio de sua área de investimentos, se une a empreendedores que têm experiência no setor, mas que ainda não tiveram a oportunidade de tirar suas ideias do papel). É com um conjunto de ações como essas que a Softplan lida com as diversas tendências de descontinuidade existentes hoje no mercado.

Mais do que uma receita de bolo, as empresas precisam entender que tipo de configuração faz sentido para o seu modelo de negócio, situação competitiva e estágio atual.

## O MAIS IMPORTANTE É ESTABELECER DISCUSSÕES SOBRE O FUTURO E ESTABELECER TESES CLARAS DE COMO APROVEITÁ-LO. A ÚNICA CERTEZA QUE TEMOS É DE QUE ESTE FUTURO VIRÁ.

# CAPÍTULO 9

## TRABALHE COM PARCEIROS PARA GANHAR VELOCIDADE

*"O empreendedor é aquele que pula de um penhasco e monta o avião enquanto cai."*

Reid Hoffman, cofundador do LinkedIn

**E**XISTEM dezenas de pesquisas que mostram por que as startups falham. Entre as principais razões estão aquelas relacionadas ao entendimento das necessidades dos clientes. Ou seja, vários empreendedores seguem com ideias que, quando confrontadas com o mundo real, não se provam relevantes. Isso pode ser resolvido com contato intenso e direto com os seus prováveis clientes. E não apenas contato, mas também a capacidade de transformar esse feedback em mudanças e melhorias do seu produto e distribuição. Sabemos que esse fator está intimamente relacionado ao fracasso das startups. No entanto, e o sucesso? Quais fatores tornam um empreendimento bem-sucedido?

Em uma pesquisa, na qual se analisou vários fatores que impactaram o desempenho das empresas nas quais havia investido, o investidor e empreendedor norte-americano Bill Gross[42] mapeou aqueles que mais tinham contribuído para o sucesso das que tiveram a melhor performance ao longo do tempo. Ele encontrou o fator timing como o mais importante, ou seja, colocar o produto no mercado no momento certo. Gross percebeu que podemos lançar o produto muito tarde ou cedo demais, e que isso afetará drasticamente as possibilidades de sucesso de uma startup.

Entender se existe uma janela de oportunidade para um novo negócio não é uma tarefa fácil e exige sensibilidade e capacidade de ler o mercado. Para uma startup, lançar um produto antes de o mercado estar pronto pode ser fatal, uma vez que seus recursos são limitados e o combustível não suporta muito tempo. Da mesma forma, se entrar um pouco mais tarde, já existirão competidores relevantes e a necessidade que busca resolver já estará atendida por outras iniciativas.

Em grandes empresas, acredito que a maior dificuldade em relação ao timing é o risco de demorar demais. Raramente vejo casos em que as empresas se adiantaram muito a uma necessidade. Embora raras, caso essas situações aconteçam, existe uma capacidade maior para financiar a iniciativa caso se prove promissora. A grande questão a ser contornada é a lentidão para colocar os projetos no ar, que geralmente faz com que cheguem atrás da concorrência.

Geralmente, o raciocínio em relação a novos negócios é muito parecido na maior parte das organizações. Cria-se um projeto e busca-se fornecedores e recursos internos e externos para executá-los. Já vimos formas para organizar os projetos de maneira mais ágil e atalhos que podem ser tomados para tornar a contratação de novos fornecedores mais simples. Mesmo assim, a tendência ainda é buscar aqueles parceiros com os quais a empresa normalmente trabalha para operacionalizar o novo projeto.

Nada contra os parceiros atuais, mas, em geral, estamos falando de empresas tradicionais de tecnologia e desenvolvimento de software. Se estamos buscando alternativas para inovar, creio que faz sentido pensarmos em trabalhar com parceiros de outra maneira. E isso passa tanto por considerarmos diferentes tipos de parceiros, como também formas diferentes de nos relacionarmos com eles. Considerando que estamos fazendo testes de hipóteses e que utilizamos o conceito de MVP, as startups podem ser uma fonte de aprendizado importante na maneira como trabalhamos a velocidade dos projetos e soluções que antes não passariam por nossa mente.

Dando aulas há muitos anos em cursos de MBA, descobri que o melhor método para que os alunos realmente aprendam os conceitos apresentados é através de trabalhos práticos. No começo, eu provocava debates e criava exercícios em que os participantes deveriam chegar juntos a conclusões. Com o tempo, porém, fui introduzindo situações cada vez mais semelhantes à vida real, como colocar um site no ar ou criar uma campanha em menos de uma hora. Os resultados do aprendizado colocado em prática são fantásticos. Para fazer isso, eu me inspirei na maneira como as startups trabalham.

## EM VEZ DE SE PREOCUPAR EM DESENVOLVER TUDO DA FORMA MAIS PERFEITA POSSÍVEL, AS STARTUPS BUSCAM O APRENDIZADO E A VELOCIDADE.

Buscam dezenas de soluções que possam ajudá-las nessa missão, como ferramentas de criação automática de sites, soluções prontas de meios de pagamento e ferramentas para automação no relacionamento com os clientes. Hoje é possível colocar no ar praticamente qualquer iniciativa digital em muito pouco tempo. Se o objetivo não é criar uma solução perfeita, e sim validar hipóteses com possíveis clientes, essas ferramentas podem servir como um importante atalho para acelerar o aprendizado.

Em sala de aula, não é diferente. A maior parte dos alunos nunca teve contato com esse tipo de ferramenta ou solução. No entanto, basta dar um prazo curto e apresentar as possibilidades, que os resultados surgem rapidamente. Os protótipos dos alunos estão prontos ao final da atividade. Alguns com usuários já testando hipóteses. Não só eles entendem a importância da velocidade, como descobrem novas maneiras de pensar. Em suas empresas, esses alunos se deparam com os mesmos desafios que todos nós enfrentamos: projetos longos e caros, que geralmente não proporcionam o aprendizado com a velocidade necessária. Então, mudar a forma como enxergam esses desafios faz com que novas soluções surjam rapidamente e a curva de aprendizado com os clientes seja muito mais otimizada e eficiente.

A grande diferença entre as startups e as grandes empresas é a absoluta falta de opção daquelas. As startups não possuem alternativas que não seja colocar o produto no ar com a maior velocidade possível. Elas não possuem recursos para contratação de desenvolvedores ou diversos parceiros de tecnologia dispostos a desenvolver provas de conceito conjuntas. E essa restrição faz com que sejam criativas com o processo, utilizando diversas soluções já prontas de modo que toda sua energia esteja focada em etapas que realmente farão a diferença para a realização de seu objetivo. As grandes corporações, por sua vez, geralmente partem para projetos maiores e mais complexos, gastando muito mais e tomando um tempo longo para obter aprendizado. Paradoxalmente, a falta de recursos faz com que as startups sejam mais velozes.

## TRABALHANDO COM STARTUPS

Há hoje uma tendência muito forte na busca por startups para trazer a inovação para dentro das grandes corporações. Existe procura tanto do lado das startups, que necessitam de clientes, quanto do lado das diversas áreas de negócio das empresas, que buscam formas alternativas de inovar. Embora seja algo teoricamente simples, ainda há uma baixa assertividade na concretização dessas parcerias.

Uma das razões para a baixa assertividade é a falta de um prévio entendimento do que a empresa espera alcançar com a parceria. Como falamos no capítulo anterior, é fundamental definir teses claras, que nortearão a busca de soluções que possam ajudar a empresa a chegar mais rápido a um produto (MVP) em contato com clientes reais em qualquer um dos três horizontes de inovação. Para isso, é importante entender o tipo de relacionamento que se almeja com a startup e alinhar claramente as expectativas com todos os participantes do processo.

Trabalhar com uma empresa iniciante é muito diferente do que trabalhar com empresas já estabelecidas. Geralmente, a maior parte dos fornecedores de uma grande corporação é composta por outras grandes empresas, com flexibilidade para lidar com tempos maiores na tomada de decisão e processos mais engessados para a execução dos trabalhos. Essa diferença no modelo de atuação pode causar as primeiras dificuldades no relacionamento entre a organização e a startup. Lembre-se de que estamos falando de times muito pequenos, com foco em aprender e melhorar o seu produto. Então, na maioria das vezes, ainda não existem áreas especializadas em suporte ou atendimento ao cliente. Os próprios sócios da startup é que estão na linha de frente.

Outro ponto muito comum gerador de atrito são as encomendas feitas pelas grandes empresas, pedindo customizações nos produtos das startups. O objetivo de uma startup é criar produtos escaláveis, ou seja, para que ela seja bem-sucedida, os produtos precisam ter a menor variabilidade possível. Caso aceite uma encomenda, a startup terá de avaliar se o restante da sua base de clientes também se beneficiará disso. Caso contrário, não faz sentido mudar o produto apenas por um cliente, por maior que ele seja. Se o empreendedor ainda assim optar por adaptar o produto devido à oportunidade de pegar um grande projeto, isso pode significar o fim prematuro da sua startup.

Além desses fatores, é importante que se entenda os diferentes estágios de uma startup, pois isso pode determinar se a parceria faz sentido ou não.

| Estágio | Ideação | Validação |
|---|---|---|
| O que está acontecendo com a startup? | Os empreendedores ainda estão conversando com clientes, sem ter um MVP pronto. | Os empreendedores já têm um MVP e estão fazendo ajustes no produto à medida que entendem o que é mais importante para seus clientes. |
| Como é trabalhar com ela? | Como não existe produto ainda, normalmente não faz sentido contratar esse tipo de startup. | O produto ainda está bastante inconsistente, sendo constantemente revisado e melhorado pelo time. Normalmente o negócio ainda está imaturo para o trabalho em problemas específicos. Entretanto, pode ser um candidato a trabalhar com o Posto Avançado de Inovação. |
| Recomendações | Algumas empresas desenvolvem programas de fomento e apoio a empreendedores neste estágio, atrelado a desafios específicos. Geralmente, a taxa de sucesso não é muito boa. **Se o objetivo é ganhar velocidade, trabalhar com empreendedores neste estágio pode ser frustrante**. | Trabalhar com empresas neste estágio **apenas se for uma necessidade muito específica, sempre entendendo que a performance do produto ainda será bastante aquém do esperado.** Algumas empresas desenvolvem programas para atuar com empreendedores neste estágio, obtendo níveis variados de sucesso. |

| Crescimento | Escala |
|---|---|
| Os empreendedores já possuem um produto mais estável e estão testando canais para crescer rapidamente. | Ela captou uma rodada de investimentos relevante e está contratando e se estruturando para crescer e expandir o número de clientes e sua abrangência geográfica. |
| O produto já conta com uma base relevante de clientes pagantes (na maioria das vezes) e a empresa já possui uma estrutura mínima de atendimento e suporte. Existem poucos erros, especialmente se utilizarmos o produto-padrão. | A empresa vai ter menos flexibilidade para trabalhos conjuntos fora do padrão e vai oferecer os produtos existentes de forma bastante objetiva. A menos que seja um plano para obter novos clientes de maneira conjunta, dificilmente a empresa atenderá de forma customizada. |
| **Estas startups estão prontas para a realização de projetos-piloto, com bastante assertividade.**<br>É importante que a empresa não tente modificar o produto, adaptando-o ao seu problema, pois isso poderá afetar a sobrevivência futura da startup. | As startups em estágio de escala já têm o produto bastante maduro e pronto para a utilização. Também possuem uma área de atendimento e suporte bastante estruturada.<br>**Os produtos destas startups podem ser utilizados no contexto de qualquer projeto corporativo.** |

Ao trazer uma startup para o contexto de uma grande corporação, alguns tipos de dificuldades são bastante comuns. Algumas delas podem ser facilmente resolvidas com um bom alinhamento de expectativas:

- **Demora na contratação** – Este é o problema mais comum no relacionamento com startups. Geralmente, as áreas de apoio da companhia não estão prontas para operacionalizar a contratação de um fornecedor com as características de uma empresa iniciante. Cadastros solicitando diversas informações sobre pendências jurídicas e em serviços de crédito, por exemplo, ou exigência de balanço podem afetar o tempo de contratação. Se o objetivo é ganhar velocidade, essas questões precisam ser alinhadas internamente.

- **Não quero pagar** – Infelizmente, ainda existe a ideia de que startups fazem as coisas de graça ou de que se tratam de fornecedores mais baratos. Muitas startups realmente desenvolvem soluções de forma muito mais barata do que as alternativas de mercado e há uma vantagem de custos em trabalhar com esse tipo de empresa pela própria característica do negócio. No entanto, não devemos pensar que estamos fazendo redução de custos ao contratá-las. O objetivo sempre deve ser o de ganhar velocidade e inovar em vários aspectos do negócio atual. É fundamental, para a sua sobrevivência e do mercado empreendedor, que as startups sejam devidamente remuneradas.

- **É mais um fornecedor** – As grandes empresas estão acostumadas com fornecedores que têm comportamento bastante próximo, customizando bastante suas soluções. Contudo, as startups estão desenvolvendo produtos escaláveis e repetíveis, ou seja, a customização vai contra a essência desse tipo de negócio, que precisa padronizar sua entrega. Dependendo do estágio em que se encontra, a startup provavelmente não terá uma estrutura de vendas e atendimento ao cliente madura para interagir com uma grande corporação. É preciso entender essas características e tentar apoiar os empreendedores com feedbacks construtivos e transparência.

- **Demora na execução** – É muito comum empresas avançarem na contratação de uma startup e demorarem meses para realizar um projeto-piloto. Para que a agilidade na execução ocorra, é importante que a empresa que contrata tenha clareza e organização interna. No capítulo sobre gestão ágil menciono vários passos que os times internos podem efetuar para conseguir trabalhar com a velocidade necessária.

## Que tipo de parceria queremos?

A contratação de uma startup é a forma mais básica de parceria possível, uma vez que se trata apenas de uma empresa contratando outra. Quando a intenção é ganhar velocidade, podemos pensar em outros tipos de parceria, alguns envolvendo inclusive a aquisição do negócio por parte da grande empresa. Para estabelecer uma boa relação com uma startup, ou qualquer outro parceiro que pode trazer mais velocidade aos projetos de inovação, é fundamental que o básico tenha sido feito:

- Existe clareza nas teses de inovação da companhia;
- As principais iniciativas a ser abordadas estão distribuídas nos Horizontes de Inovação;
- Existe apoio da alta direção;
- Existe capital humano que consiga trabalhar com startups de maneira ágil.

É claro que uma grande empresa pode contratar uma startup sem uma tese desenvolvida ou um planejamento de iniciativas distribuídas em um funil de inovação. Nesse caso, estamos falando apenas da contratação de um fornecedor. Incentivo e espero que esse tipo de contratação se torne cada vez mais comum, mas não é a esse tipo de relacionamento que estou me referindo.

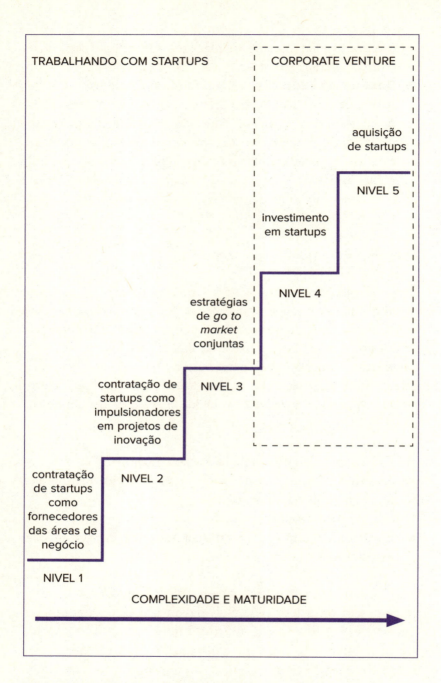

**Figura 5** Modelos de trabalho com startups a partir do grau de complexidade e maturidade da iniciativa.

Existem vários níveis de maturidade e complexidade para entendermos como é possível trabalhar com startups da melhor forma. A seguir, um pouco mais sobre cada um desses níveis:

**Contratação de startups como fornecedores** – Este é o nível mais básico, como mencionei anteriormente, no entanto, a maior parte das empresas deveria estar buscando startups como forma de trazer novos modelos de trabalho para suas áreas de negócio – e não apenas como um fornecedor qualquer. O RH pode, por exemplo, encontrar startups que possam ajudá-lo a otimizar processos ou utilizar Inteligência Artificial na gestão de pessoas a uma fração do valor que grandes consultorias cobrariam. Para que essas contratações não frustrem ambas as partes, é importante que o processo de compras esteja otimizado para a contratação de empresas nesse perfil, bem como o modelo de acompanhamento desses projetos.

**Contratação de startups como impulsionadores em projetos de inovação** – Por meio do desenvolvimento de teses e de definição das diversas iniciativas de inovação que a companhia vai trabalhar, invariavelmente vão surgir oportunidades em que startups poderiam aportar mais velocidade e dinamismo aos projetos em andamento. Com esquadrões desenvolvendo projetos específicos de inovação, é comum que o time utilize diversas soluções desenvolvidas por startups para garantir que estamos colocando os produtos à disposição dos clientes o mais rápido possível, gerando ciclos de aprendizado. As soluções podem ser extremamente técnicas ou orientadas a suprir alguma frente que o time interno não consegue atender no momento. Geralmente, funcionam muito bem em projetos de Horizonte 1.

**Estratégias de *go to market* conjuntas** – Neste modelo, utilizamos as startups para oferecer novos serviços aos clientes da companhia ou atingir novos mercados conjuntamente. São projetos mais complexos e envolvem uma boa articulação interna dos times que os estão conduzindo. Quando o objetivo é oferecer os serviços da startup para a base atual de clientes, é fundamental que a empresa tenha desenvolvido bons canais de distribuição. Em grande parte dos casos, as corporações têm muita dificuldade em operacionalizar a venda de produtos digitais para seus clientes atuais, pois, em geral, ainda utilizam os canais tradicionais de aquisição de novos negócios, como call center e equipe de vendas presencial. Então, criar uma camada de relacionamento digital, sensível a novas ofertas, é um trabalho intenso e necessário, geralmente associado a iniciativas de Horizonte 2.

Contudo, quando o objetivo é atingir uma nova fatia de clientes ainda não alcançada pelos canais de marketing e vendas atuais, é fundamental que sejam alocados recursos financeiros para este fim. Não se trata apenas de oferecer os produtos da grande empresa associados ao da startup. É fundamental que a proposta de valor esteja clara e que ambos os times tenham paciência e método para trabalhar conjuntamente.

**Investimento em startups** – O investimento em startups por grandes empresas é chamado de Corporate Venture. A grande empresa se torna uma investidora, necessitando dominar os conceitos operacionais e financeiros desse processo. O investimento pode fazer sentido quando o trabalho conjunto com a startup está tendo excelentes resultados ou quando estamos falando de um negócio que pode vir a ser uma importante fonte de receita dentro do planejamento de inovação da companhia. Pensar em um investimento isolado raramente é uma estratégia que faça sentido, especialmente se for uma startup em estágio de crescimento. Caso seja um negócio em escala, é fundamental uma análise detalhada, pois o montante necessário para que o investimento faça sentido já é bem maior do que no estágio anterior. Os investimentos geralmente estão associados ao Horizonte 3 e devem fazer parte de uma estratégia maior.

**Aquisição de startups** – Este estágio pode ser considerado o mais complexo de todos e, principalmente, é aquele que exige mais maturidade em inovação por parte da grande corporação. Antes de mais nada, a aquisição deve fazer sentido no plano de inovação desenvolvido com foco no longo prazo. Em alguns casos, a empresa já fez um investimento na startup e já a acompanha por algum tempo (o que é o ideal). Ao adquirir uma startup, normalmente, a decisão mais acertada é manter o negócio apartado do *core business* da companhia, por razões que já mencionamos bastante ao longo do livro. Talvez tão importante quanto a decisão de adquirir o novo negócio, seja o plano de como essa nova operação vai funcionar. Grande parte das aquisições que presenciei tornaram a startup uma unidade da grande corporação, tendo que se adequar aos diversos processos e à cultura existentes, o que na maior parte dos casos não teve bons resultados pela dificuldade em dar autonomia aos empreendedores da startup. Quanto mais independência têm os empreendedores, maiores são as chances de o processo de aquisição funcionar para ambos os lados.

## Onde encontrar startups?

Encontrar startups que possam fazer sentido para uma grande corporação é um trabalho de tempo integral. Exige conversas com os diversos agentes do ecossistema empreendedor e centenas de contatos com startups todo mês. O resultado final é uma lista pequena de startups que possam fazer sentido para o negócio. Lista esta que ainda terá mais uma triagem.

Há locais e organizações que geralmente agregam as startups. Algumas das principais são:

■ **Espaços de inovação corporativa** – Diversas empresas possuem espaços de inovação corporativa com considerável fluxo de startups, e muitos desses espaços são completamente abertos para outras corporações. As startups que estão nesses espaços geralmente estão em estágio de crescimento. Exemplos, no Brasil, são o Cubo (Itaú), Google Campus e InovaBra Habitat (Bradesco).

- **Incubadoras de empresas** – Geralmente ligadas às universidades, as incubadoras buscam conectar os projetos acadêmicos ao mercado, apoiando os estudantes na criação das suas empresas. As startups de incubadoras estão muitas vezes em estágio de validação e ideação. Exemplos: Cietec (USP), Incamp (Unicamp), Instituto Gênesis (PUC-RJ), Inova (UFMG) e Celta (UFSC).
- **Eventos do setor** – Existem diversos eventos do ecossistema empreendedor que podem ajudar os recrutadores a encontrar boas startups, e para isso é importante conseguir falar com o maior número de empreendedores nesses eventos. As startups que frequentam eventos geralmente estão nos estágios de ideação e validação, com algumas exceções em crescimento. Exemplos: Case (evento da Associação Brasileira de Startups), Campus Party, Feira do Empreendedor (Sebrae).
- **Investidores** – Os investidores geralmente possuem as melhores startups em seus portfólios, pois fazem justamente esse trabalho de seleção. Além disso, atraem de forma passiva a conexão com grande parte dos empreendedores do mercado. As startups em seus portfólios podem se encontrar em diferentes estágios, dependendo do tipo de investidor. Aceleradoras de startups em geral têm startups em fase de validação e crescimento, enquanto Fundos de Venture Capital (VC) possuem startups mais maduras, em estágio de crescimento ou escala. Exemplos: ACE (aceleradora), WOW (aceleradora), Startup Farm (aceleradora), Redpoint eventures (VC), Monashees (VC), SP Ventures (VC).
- **Bases on-line** – Diversas startups se inscrevem em bases on-line para participar de concursos ou ganhar mais visibilidade. Geralmente, isso exige bastante trabalho de triagem, devido ao grande volume de empresas em praticamente todos os estágios, com uma concentração que tende a ser maior nos estágios de validação e crescimento. Exemplos: StartupBase, Startse, Angelist, Gust.

Além de estratégias ativas de recrutamento, diversas corporações optam por criar desafios e chamadas para startups, normalmente trabalhando com um parceiro que operacionaliza a chamada e faz a busca ativa de startups no mercado. A maior parte das companhias faz chamadas semestrais, posteriormente apoiando as startups selecionadas em algum tipo de programa. A BASF, por exemplo, criou o programa AgroStart para trabalhar com startups de agricultura. Faz investimentos diretos e indiretos e mobilizou uma grande rede de parceiros para apoiar as startups selecionadas. O Bradesco criou o programa InovaBra, que apoia diversos tipos de startup com mentorias, conexão com as diversas áreas do banco e espaço físico, com o InovaBra Habitat.

## INOVAÇÃO ABERTA: O SEGREDO POR TRÁS DAS PARCERIAS ENTRE EMPRESAS

Os parceiros que aceleram a inovação não precisam se restringir a startups. As competências necessárias para dar o próximo passo em sua estratégia de inovação podem estar em vários outros tipos de parceiros.

O que realmente torna essas parcerias tão relevantes é o conceito de Inovação Aberta, que significa abrir as portas da companhia e inovar com os diversos públicos, que podem envolver clientes, fornecedores e até mesmo empresas consideradas concorrentes. Se o objetivo é ganhar velocidade e trazer novas cabeças para pensar juntas sobre o mesmo problema, o limite é a criatividade e quanto a organização está disposta a abrir as portas.

O mais importante é considerar o plano de inovação desenvolvido e ter clareza das competências que se quer desenvolver. Iniciativas como o Cubo são bons exemplos de colaboração entre diversos tipos de agentes para inovar. O Itaú criou a iniciativa em 2015, em parceria com a Redpoint eventures, um fundo de investimento. O centro do projeto é um prédio inteiro dedicado a parcerias entre startups e grandes corporações. Desde o início, trabalharam com a filosofia de ser um espaço aberto e inclusivo. Para isso, também trouxeram corporações como a Accenture, Coca-Cola e Cisco. Desde a sua fundação, centenas de startups passaram por lá e foi possível criar a densidade necessária para que encontros entre os diversos participantes acontecessem o tempo todo.

Esse ambiente possibilitou que diversos projetos e parcerias saíssem entre as startups e as grandes corporações, além de projetos entre as próprias grandes empresas participantes.

## INOVAR NÃO PRECISA SER SINÔNIMO DE FAZER SOZINHO.

Podemos e devemos abrir as portas para ganhar velocidade e aprender com outras organizações.

"SE O OBJETIVO É GANHAR VELOCIDADE E TRAZER NOVAS CABEÇAS PARA PENSAR JUNTAS SOBRE O MESMO PROBLEMA, O LIMITE É A CRIATIVIDADE E QUANTO A ORGANIZAÇÃO ESTÁ DISPOSTA A ABRIR AS PORTAS."

# CAPÍTULO 10

## COLOCANDO TUDO PARA FUNCIONAR

*"Nunca tem de recuar quem se dirige às estrelas."*

Leonardo da Vinci, famoso pintor italiano

**E**XECUÇÃO. Como empreendedor, aprendi cedo a importância da execução e o seu impacto no resultado final das minhas empreitadas. Entretanto, só fui perceber a verdadeira importância que essa ação tem quando comecei a trabalhar com centenas de empreendedores. Ao longo desses anos acompanhando startups e vendo suas curvas de evolução, cada vez mais fica evidente para mim como a execução é muito mais importante do que as ideias – embora seja comum pensarmos que são as ideias o ponto de mais valor. Sabe como percebo isso na prática? Ouvindo os comentários de muitos empreendedores que nunca colocaram suas ideias para funcionar.

Quantas vezes já vi pessoas falando que tiveram aquela ideia que tornou um empreendedor bilionário... Esta é uma armadilha cognitiva muito comum. Esquecemos que existe uma probabilidade altíssima de várias pessoas, no mundo inteiro, terem as mesmas ideias, no exato momento em que você a teve. No entanto, por que só uma dessas pessoas colheu os resultados? A resposta é: horas de dedicação, disciplina, capacidade de gerenciar suas emoções e várias outras características que diferenciam os que executam bem dos que não saem do campo das suposições.

Quando comecei a avaliar startups, minha atenção sempre se voltava para a ideia e o modelo de negócio que me apresentavam. Com o tempo, porém, percebi que um time excelente com uma ideia mediana consegue criar uma empresa excepcional. Já um time mediano com uma ideia fantástica, raramente sai do lugar. A diferença está basicamente no talento das pessoas envolvidas. Na capacidade de tirar o projeto do papel e, mais importante, de lidar com todas as adversidades e correções de rota que surgirão no meio do caminho.

A estrada do sucesso nunca é linear e certa, como as milhares de histórias de sucesso que ouvimos no mercado. Todas as empresas passam por dificuldades tremendas até acertar. São anos buscando caminhos que façam sentido, e muitas vezes esses caminhos fogem do que foi planejado inicialmente. Por isso, os melhores times são aqueles que sabem se adaptar aos cenários que se apresentam. O general Eisenhower, importante comandante das tropas norte-americanas na Europa durante a Segunda Guerra Mundial, dizia que, ao se preparar para a batalha, descobriu que planos não funcionavam, mas que o planejamento era fundamental.[43]

Essa afirmação está baseada no contato dos planos com a realidade. Nunca conseguimos prever como o mercado vai receber aquele produto que idealizamos ou como a concorrência vai reagir. Também não conseguimos nos preparar para mudanças na equipe não previstas, impossibilidades técnicas e diversas outras variáveis que estão fora do nosso controle. As startups ilustram este ponto perfeitamente. Sem perder o norte e a visão, elas costumam fazer diversas adaptações e correções de rumo ao longo da sua história. A jornada é repleta de imprevistos e aprendizados, e somente as estruturas mais flexíveis e adaptáveis sobrevivem.

Isso não quer dizer que vamos deixar de lado os objetivos, o controle do orçamento e tudo que faz as coisas andarem para a direção que queremos. Devemos ter a capacidade de constantemente reavaliar a situação em que nos encontramos e tomar medidas para nos mantermos no caminho definido. É essa flexibilidade que percebo rara nos planos corporativos. Os planos feitos em grandes empresas geralmente são rígidos, com pouca margem de manobra para lidar e se adaptar aos imprevistos. E se posso afirmar uma coisa com absoluta certeza é que os imprevistos vão acontecer.

Também é equivocado afirmar que a inovação não precisa de um plano. Somente com foco e objetivos claros é possível colher resultados no longo prazo. É muito comum, no entanto, que as empresas persigam agressivamente a inovação de curto prazo ou apenas tentem se posicionar como organizações inovadoras no mercado, por exemplo. Inovação é uma competência adquirida, que deve acompanhar a organização ao longo da sua existência. Não se trata apenas de um momento no tempo.

Neste capítulo, vou falar sobre as principais diretrizes para criar um plano consistente de inovação e compartilhar boas práticas que podem fazer a diferença no processo.

## O QUE QUEREMOS?

Frequentemente sou chamado para falar com diretores sobre inovação. A primeira pergunta que eu faço é sempre a mesma: Qual o objetivo da companhia com a inovação? A maioria dos executivos não consegue responder. Pelo menos, não com clareza. As respostas giram em torno da necessidade de inovar, das mudanças que estão acontecendo com o mercado e raramente mostram um caminho claro definido pela companhia.

Não há dúvidas de que as empresas precisam inovar, como falamos exaustivamente ao longo do livro. O ponto aqui é clareza. Falo isso porque vejo várias iniciativas sem conexão com resultados claros:

- A empresa desenvolve programa de aproximação com startups sem entender qual o papel dessas aproximações com o resultado da companhia;

- Diversos treinamentos em metodologias, como Design Sprint[44], criada pelo Google Ventures, sem necessariamente garantir que os projetos conseguirão ser estruturados posteriormente pelos times da companhia;
- Programas como *hackathons* (pessoas se reunindo em um curto espaço de tempo, com o objetivo de resolver problemas específicos) e patrocínios a eventos sendo realizados apenas para posicionar a empresa como inovadora no mercado, sem uma conexão real com o que é feito dentro de casa.

Estes são apenas alguns dos exemplos de iniciativas isoladas, sem uma linha mestra que oriente o trabalho dos profissionais. Como qualquer plano, é fundamental estabelecer – e deixar claro para todos – quais são os seus objetivos com inovação. Para que isso funcione, é necessário entender claramente quais são as teses de futuro em que a empresa acredita.

Ter hipóteses em relação à direção que o mercado vai tomar é um dos passos mais importantes para estabelecer objetivos de médio e longo prazo. E uma forma de estabelecer uma análise em relação ao que é possível fazer pode passar pela utilização dos três horizontes de inovação:

| Horizonte | Horizonte 1 (negócio atual) | Horizonte 2 (negócios adjacentes) | Horizonte 3 (negócios novos) |
|---|---|---|---|
| Análise para o estabelecimento das metas | • Onde estão as oportunidades de inovação nos produtos e serviços que entregamos hoje?<br>• Quais metas podemos estabelecer no curto, médio e longo prazo, baseadas em nossas teses? | • Quais novos negócios podem ser estabelecidos com a base de clientes atuais?<br>• Como atingimos novos clientes e mercados com ofertas complementares às que temos hoje? | • Como podemos capturar valor em novos mercados, entregando produtos e serviços completamente diferentes dos que existem hoje? |
| Natureza das metas estabelecidas | • **Aumento da receita na base** com a otimização do que é feito hoje.<br>• **Redução de custos** – Otimização dos canais e elementos do modelo de negócio atual.<br>• **Metas atuais**, como *market share*. | • **Aumento da receita na base**, com a criação de novos negócios.<br>• **Novas receitas**, não capturadas pelo negócio atual. | • **Novas receitas**, não capturadas pelo negócio atual.<br>• Progresso dos novos negócios em andamento. |

O estabelecimento de metas de Horizonte 1 é bastante relacionado à otimização do negócio atual, como a criação de canais digitais ou melhorias de fluxos de informação internos. Geralmente, estão organizados em projetos específicos e podem ter metas mais tradicionais, alinhadas aos indicadores atualmente utilizados pela companhia. A partir do Horizonte 2, as principais metas dizem respeito a receitas obtidas pela criação de novo valor ao mercado, que ainda pode estar alinhado a premissas mais claras e mercados definidos. Já o Horizonte 3 vai capturar valor completamente novo, provavelmente em mercados pouco definidos em termos de tamanho e dinâmica. Nesse caso, a lógica deve estar concentrada apenas na geração de novas receitas e constante reavaliação do tamanho da oportunidade.

É comum as empresas estabelecerem metas de novos negócios e otimização do negócio atual como duas categorias. Acredito que possa ser um início de raciocínio, desde que entendam claramente a natureza das novas receitas. Lembre-se de que quanto mais inovador o modelo, menor a capacidade de fazer uma previsão nos padrões clássicos. Você pode estar se perguntando: "E o que uma startup faz para estabelecer metas em mercados e negócios incertos?". Os empreendedores partem do tamanho do mercado total e utilizam nichos para estabelecer as metas de curto e médio prazo.

Por exemplo, se estamos criando um serviço de entrega de compras de supermercado em casa, é muito difícil dimensionar metas claras, pois é um mercado que está se formando agora. A saída é entender o tamanho total desse mercado primeiro. Isso vai dar noção do tamanho da oportunidade com a qual estamos lidando. Para fazer isso, podemos endereçar primeiro o tamanho potencial total do mercado. Ou seja, quantas pessoas existem e fazem compras em supermercados na região em que quero atuar no médio ou longo prazo. Em seguida, multiplico o número total de pessoas pela quantia que vou faturar em cada transação. Este número fica na casa dos bilhões, mostrando que é um mercado potencialmente atrativo. Depois, tentamos entender quantas pessoas compram em supermercados e têm pedidos acima de determinado valor-médio. Também podemos isolar os clientes potenciais nas capitais do país. Este número nos dá uma ideia do mercado que realmente conseguiremos endereçar. Contudo, o racional só fica completo quando entendemos quais são as subcategorias de clientes que estariam mais fáceis de atender nesse primeiro momento. Talvez aqueles que já utilizam aplicativos para pedir comida em casa, ou em regiões com mercados de alto padrão. Esta última categoria nos dá clareza do total de clientes que vamos tentar atingir neste momento e nos dá expectativas reais de crescimento no curto e no médio prazo.

Estabelecer metas sem ter clareza dos mercados em que vamos atuar é um exercício que não ajuda a prática da inovação, pois coloca pressão no curto prazo e reforça modelos mentais existentes, quando queremos, justamente, quebrar esses modelos e colher novos resultados. Acredito que devemos colocar valores financeiros nas metas em todos os horizontes, mas é importante que essas metas não prejudiquem a execução das iniciativas de inovação em um primeiro momento. Se um profissional vai ter a pressão no curto prazo de bater uma meta financeira agressiva de Horizonte 3, naturalmente seus esforços vão recair sobre iniciativas de Horizonte 1 ou 2.

## PROGRAMAS *VERSUS* PROJETOS

Se o time tiver feito um bom trabalho na definição de teses e entendimento de como pode distribuir as iniciativas nos três horizontes de inovação, provavelmente teremos uma mistura de programas e projetos de inovação. Ou seja, algumas das iniciativas serão muito claras e vão endereçar um problema específico. Nesse caso, faz sentido pensarmos em um projeto com início, meio e fim. Para outras iniciativas, sabemos apenas que existem oportunidades e podemos desenvolver programas de inovação com o objetivo de explorá-las.

Por exemplo, se eu estabeleci o tema da digitalização dos produtos e serviços da companhia, é fácil estabelecer projetos no

Horizonte 1, pois sabemos que o aplicativo de relacionamento com clientes não funciona, ou que um possível cliente não consegue fazer um pedido completo através dos canais on-line. Estes são projetos claros, nos quais podemos estabelecer possíveis ganhos tanto em redução de custos como em ganho de receitas. Se considerarmos o mesmo tema, no Horizonte 3, provavelmente teremos muito mais dificuldade de estabelecer projetos com clareza. Sabemos que queremos digitalizar nossos produtos e serviços, mas dificilmente conseguiremos desenhar novos produtos completamente digitais sem uma boa dose de experimentação e testes, porque não existem fórmulas prontas para tirar um projeto desse tipo do papel. Para este tipo de situação, um programa que gere constantemente novos projetos pode ser a melhor solução para endereçar o tema.

Já participei de vários comitês corporativos para a aprovação de programas de inovação. Todos passam pelos mesmos questionamentos:

- Como mostrar claramente os resultados do programa em um plano de negócio?
- Quantos projetos bem-sucedidos sairão deste programa?
- Qual o horizonte de análise do programa?

Como a maior parte das empresas está acostumada a aprovar projetos, é muito difícil utilizar as mesmas ferramentas de análise para programas que vão promover a criação de novos negócios ou a transformação da equipe atual da empresa. Planos de negócio (ou Business Cases), como já falamos antes, são excelentes ferramentas para avaliar iniciativas em que conseguimos fazer uma previsão de resultados. E para isso precisamos de histórico. Isso não acontece com iniciativas de inovação, especialmente aquelas dos Horizontes 2 e 3. Também é muito difícil estimar quantos projetos vão sair bem-sucedidos de um programa específico. Seria como pedir a um fundo de investimentos que estimasse quantas empresas investidas terão um retorno triplicado do capital investido. Aqueles que já montaram mais de um fundo têm mais condições de responder a essa pergunta, mas geralmente a situação muda bastante de um cenário para outro.

A outra pergunta que surge nos comitês diz respeito ao horizonte de análise. Quanto mais inovador for o programa, mais devemos nos distanciar da análise financeira tradicional e trazer métricas específicas de inovação para analisá-lo. Essas métricas vão girar em torno do progresso das iniciativas. O horizonte de análise pode ser relativamente curto, mas vamos analisar as iniciativas com métodos diferentes do tradicional.

Executar um projeto de inovação também vai ter algumas características que se diferenciam de um projeto tradicional. Pegando o caso da empresa que está melhorando o aplicativo da companhia, mesmo que façamos uma análise bastante pragmática dos ganhos que teríamos com a nova versão do aplicativo e listemos as funcionalidades necessárias, ainda assim não saberemos qual ganho poderemos obter com a introdução dessa versão. É por isso que a forma como os times gerenciam esses projetos deve se aproximar mais de como as startups executam, utilizando as metodologias ágeis e métodos de validação de hipóteses. O progresso deve ser medido com pragmatismo, mas a execução deve ser feita com flexibilidade. É comum os times mudarem completamente o escopo ao longo de algumas semanas, causando estranhamento no comitê executivo. A chave é ter clareza e rigor na visão de longo prazo, mas flexibilidade nos meios para chegar a ela.

Quando se trata de programas de inovação, existem diversas configurações possíveis. O mais importante é garantir a autonomia dos times e a clareza nos critérios de sucesso. A seguir, listaremos alguns tipos de programas de inovação:

- **Programas de intraempreendedorismo** – Neste tipo de programa, os próprios colaboradores da companhia executam os projetos de novos negócios, utilizando exatamente as mesmas configurações de time que uma startup. Em alguns casos, talentos externos podem ser envolvidos no processo para complementar as competências do time. Esse tipo de programa tem o benefício de alcançar todos os colaboradores da empresa e atrair aqueles que realmente têm perfil empreendedor. Geralmente, existem chamadas internas com os temas ou desafios a serem explorados, e as pessoas se inscrevem livremente. Após uma seleção dos melhores candidatos, que pode ser feita através de eventos de formação e interação, os times escolhidos podem perseguir suas ideias, idealmente com o acompanhamento de um time especializado nas metodologias.

- **Programas de coaching de equipes internas** – Neste tipo de programa, a área de inovação se coloca como coach dos métodos e da mentalidade que vão ajudar os diversos times internos a criar projetos ágeis. Geralmente indicado para iniciativas de Horizonte 1, estes programas ajudam a formar os times em várias áreas do negócio. Os coaches da área de inovação ajudam os times a entender profundamente o problema que estão resolvendo por meio de rodadas intensivas de imersão e também na execução do projeto. Em alguns casos, ajudam na configuração do software de acompanhamento e os capacitam nos métodos de execução.

- **Programas de aproximação com startups** – São programas que visam a buscar talentos externos para apoiar nos temas definidos pela companhia. Esses programas podem utilizar uma chamada pública no mercado para encontrar startups específicas ou a busca ativa em vários locais e agentes do ecossistema empreendedor com a possibilidade de contar com parceiros externos nesse processo. Pode ter escopo nacional ou internacional e visa realizar projetos junto com os empreendedores do mercado. O time de inovação tem o papel de apoiar a localização das melhores startups e acompanhar os projetos realizados com as áreas de negócio.

- **Programas de inovação aberta com outras empresas** – São programas que trazem um ou mais parceiros que atuam no mesmo mercado ou em mercados completamente diferentes que a organização, com o objetivo de realizar projetos conjuntos de inovação. Algumas empresas trabalham na sua cadeia de fornecimento, e outras buscam parceiros que poderiam complementar suas competências para exploração de um tema específico. A chave, neste tipo de programa, é que os times trabalhem juntos e se criem mecanismos para protegê-los da burocracia corporativa e política quando se tem duas (ou mais) grandes companhias envolvidas em uma mesma ação. Projetos de inovação aberta geralmente só funcionam se houver um bom alinhamento de interesse entre os envolvidos e se a liderança, dos dois lados, estiver comprometida em fazer o projeto acontecer.

- **Programas de inovação aberta com estudantes e empreendedores** – Este tipo de programa normalmente funciona por meio de desafios e chamadas periódicas de projetos, na maioria dos casos, próximos ao meio acadêmico. Embora sejam interessantes na teoria, na prática apresentam desafios consideráveis, tanto no entendimento, por parte dos participantes, dos desafios da companhia, quanto na transposição dos projetos da ideia para a prática. Geralmente, a empresa é exposta a protótipos e conceitos que precisam de apadrinhamento interno na companhia e têm bastante dificuldade de serem executados efetivamente. Também questiona-se o que é feito com o time que teve a ideia, uma vez que uma premiação simbólica é bem distante de uma real coparticipação no resultado gerado pelo projeto, quando ele for lançado no mercado. Acredito que esse tipo de programa deva ser feito quando a companhia tem times internos de execução bastante maduros nos métodos ágeis e modo de executar das startups.

- ***Hackatons*** – As *hackathons* são períodos curtos de trabalho intensivo por parte de times multidisciplinares para chegar a um resultado específico dentro de um desafio estabelecido pelos organizadores. Ao final do processo, os times possuem protótipos ou conceitos que podem ser julgados por uma comissão. Este modelo de trabalho se popularizou nas empresas do Vale do Silício e mostra a capacidade que times têm de gerar boas ideias quando confrontados com a restrição de tempo e de recursos. Várias empresas buscam organizar esse tipo de iniciativa com pessoas de fora da companhia, geralmente desenvolvedores. Acredito que os maiores ganhos das *hackathons* sejam a articulação e formação dos times internos, que podem aprender a trabalhar de outras formas. As *hackathons* externas têm o benefício de tentar posicionar a empresa como inovadora no mercado, embora raramente estes ganhos compensem o custo e a energia para a execução do evento. A criação de um programa de *hackathons* internas, em que pessoas de várias áreas podem se juntar para resolver os diversos desafios da empresa pode ter ganhos em vários níveis e poderia ser muito mais utilizada no mercado.

Estes são apenas alguns tipos de programas e algumas sugestões de como podem ser executados. As empresas mais inovadoras do mundo executam diversos programas simultaneamente, avaliando seu resultado e tomando a decisão de continuar ou interromper os investimentos a partir disso. Para empresas que estão iniciando sua trajetória no mundo da inovação, recomendo testar poucos programas, dando o tempo necessário para que a organização possa assimilá-los e garantir que estão gerando os resultados necessários. Com o passar do tempo, a criação de novas iniciativas será algo mais simples e entendido tanto pela diretoria como pelos colaboradores.

O mais importante na execução de programas ou projetos é que os times e executivos por trás tenham clareza dos objetivos que buscam e entendam as diferenças entre a execução de um projeto de inovação e os projetos tradicionais.

## VISUALIZANDO TUDO EM UM SÓ LUGAR

Grande parte das empresas não consegue ter uma visão consolidada de seus projetos e programas de inovação, pela dificuldade em sincronizar os esforços e as iniciativas. A inovação deve ser executada e acompanhada com disciplina; por isso, é importante que os gestores e as áreas de negócio possam entender onde a empresa está no seu plano, bem como os próximos passos definidos.

De maneira simples, é fundamental que se tenha a visibilidade dos pontos críticos de um projeto de inovação:

- **Temas de inovação** – Os temas a serem perseguidos pela companhia nos próximos anos devem estar claramente documentados e acessíveis a todos os colaboradores. Não podem estar na gaveta, dentro de um longo relatório ou apenas na mente do CEO. É preciso que qualquer um consiga entender para onde a empresa está indo.
- **Projetos e programas** – Todos os projetos de inovação devem estar registrados em um único local, com seu respectivo escopo, tema envolvido, time que está atuando e progresso. Somente entendendo a visão de tudo que está acontecendo, é possível avaliar se estamos realmente pisando no acelerador e cobrindo todas as bases.
- **Indicadores de performance** – Os indicadores definidos por projeto e os indicadores macro de inovação devem ser acompanhados de maneira pragmática. Não esqueça: inovação se mede na planilha.
- **Funil de inovação e orçamento** – Já falamos sobre a criação de um funil de projetos de inovação em capítulos anteriores. Ele precisa estar visível e ter critérios de evolução claros. Os projetos do item anterior devem também estar dispostos em um funil para entendermos como o orçamento está alocado. A execução orçamentária também deve estar atrelada a este funil, garantindo que estamos investindo o que previmos, mas também que os investimentos estão sendo feitos de acordo com os estágios de maturidade de cada iniciativa.
- **Governança de inovação** – As regras devem estar claras para todos os envolvidos. As reuniões do comitê de inovação devem ter como pauta todos os temas anteriores e suas atas devidamente registradas em apenas um local.

Controlar e acompanhar todos esses itens garante à companhia que o caminho definido está realmente sendo percorrido e os resultados claramente registrados. Diversos problemas e desalinhamentos vão acontecer ao longo do caminho, mas somente com uma visão clara, documentada e controlada conseguimos ter o entendimento se estamos ou não atingindo o que nos propusemos a fazer.

Devido ao grande dinamismo do assunto, é claro que diversas revisões e ajustes deverão ser feitos ao longo do caminho. A jornada nunca é linear. Ela é repleta de algumas vitórias e muitas derrotas. E é muito fácil perder o todo de vista.

Por isso mesmo a disciplina deve ser a melhor amiga dos inovadores.


## COACHES *VERSUS* EXECUTORES – O PAPEL DE UMA ÁREA DE INOVAÇÃO

No contexto da execução, é importante que a equipe de inovação entenda o seu papel. É muito comum que a diretoria e o conselho criem a área de inovação apenas para que cumpra um papel institucional. Várias delas ficam bastante distantes de objetivos concretos de negócio e acabam buscando oportunidades de maneira aleatória. Este claramente não é o melhor uso do talento desses profissionais.

A área de inovação de uma companhia deve ser encarada da maneira mais pragmática possível, entendendo seu papel crucial no futuro do negócio. Em vez de fazer relacionamento com os "diferentes atores do ecossistema" ou buscar "oportunidades de inovação", esses profissionais precisam se tornar os grandes agentes da mudança que suas empresas necessitam urgentemente. Para isso, devem liderar o planejamento de inovação e apoiar a empresa na definição de uma governança clara.

Boa parte do seu papel é educar os diferentes públicos da empresa, mostrando de maneira clara e objetiva os caminhos possíveis e garantindo o envolvimento de todos. Esta não é uma jornada simples e livre de frustrações, mas é necessária na grande maioria dos casos.

Qual o papel da área de inovação? É simples: facilitar o processo da inovação na sua companhia.

Para isso, terá de entender profundamente as diversas metodologias e os conceitos que envolvem inovação e apoiar as áreas de negócio da companhia a criar seus times de execução dos projetos de inovação definidos pelo plano. Os profissionais de inovação devem se tornar coaches e facilitadores, garantindo que os diversos times da empresa operem dentro da mesma mentalidade e em busca dos mesmos objetivos. Também devem aproximar os parceiros externos que podem ajudar a companhia a ser mais bem-sucedida em seus planos.

Em vez de pensarmos na área de inovação como aquela que executa os diversos projetos, devemos encará-la como a área que traz esses conceitos e garante que estão sendo assimilados por todas as áreas de negócio. Também deve ser a área responsável por organizar e, aí sim, operacionalizar o Posto Avançado de Inovação, garantindo que está operando com o máximo de eficiência e gerando os resultados desejados pelo conselho. Entender o time de inovação como o responsável por realizar os projetos de inovação da empresa traz expectativas irreais em relação aos resultados possíveis. Em vez de executor, o time deveria se posicionar como "facilitador" da inovação.

A área de inovação deve ser o exemplo interno de intraempreendedorismo da empresa, em todas as dimensões possíveis.

## CAPÍTULO 11

# VENDENDO A NECESSIDADE DE INOVAÇÃO DENTRO DE CASA

*"Quem tem um 'porquê' enfrenta qualquer 'como'."*

Viktor Frankl, médico austríaco sobrevivente do Holocausto

**O**UVIMOS muitas histórias dos líderes visionários e sua perseguição incansável pela inovação. Imediatamente pensamos em Steve Jobs e a sua genialidade na concepção de produtos, bem como as suas excentricidades no relacionamento com o time. Eu gosto muito dessas histórias de sucesso, mas muitas vezes falhamos ao não perceber que, em boa parte delas, existe um intraempreendedor por trás.

O líder da organização tem um papel-chave na condução dos processos de inovação, mas não faz sentido esperar que todos os projetos venham de apenas uma cabeça brilhante. Acredito que o papel dos líderes é permitir que a inovação floresça e renda frutos dentro da organização. Mais do que inovar, sua responsabilidade deve ser criar uma organização inovadora.

Ter uma boa ideia não é difícil. Basta exercitarmos este "músculo" com alguma frequência e nos tornaremos excelentes criadores de ideias. O autor James Altucher fala sobre o conceito de nos tornarmos máquinas de ideias[45]. Para isso, ele defende que todo dia devemos ter pelo menos dez ideias sobre determinado tema. As primeiras cinco são relativamente fáceis, mas as últimas realmente exercitam o músculo gerador de ideias. Neste contexto, a capacidade de ter ideias se torna mais importante do que as ideias em si.

Contudo, apenas ter ideias não é o suficiente para obter resultados reais. E a inovação é prática por excelência. Trata-se do resultado direto obtido por uma ideia executada.

# TUDO QUE ESTÁ À NOSSA VOLTA FOI CRIADO POR ALGUÉM QUE COLOCOU UMA IDEIA EM PRÁTICA.

Foi criado por um empreendedor – que, quando está dentro de uma empresa, é chamado de intraempreendedor. Os bons líderes sabem reconhecer essas pessoas e dão o suporte necessário para que coloquem suas ideias no mundo.

No entanto, infelizmente, esta não é a regra no mercado. Muitas vezes essas pessoas com altíssimo potencial para trazer novas soluções para a organização não estão em áreas que normalmente criam novos projetos ou simplesmente não têm o suporte dos seus superiores imediatos. Este foi o caso de Ken Kutaragi, responsável pela introdução do Playstation na Sony. O processo, como acontece frequentemente, foi bem distante do que normalmente acreditamos ser o caminho tradicional. Kutaragi estava trabalhando em uma parceria com a Nintendo para desenvolver parte de um novo console que seria lançado pela famosa fabricante de videogames.

A parceria não deu certo, mas Kutaragi acreditava que a Sony poderia criar o próprio console de videogame, então, com um comportamento pouco comum na cultura japonesa, o engenheiro desafiou seus superiores e insistiu em liderar o projeto do que se tornaria o Playstation. Os executivos cederam e dessa rebeldia surgiu o que se tornaria a vaca leiteira da Sony por muitos anos. O Playstation é responsável por boa parte dos lucros da empresa japonesa. Kutaragi se tornou uma estrela, criando vários projetos ousados, como o Playstation 2, que foi construído aproveitando praticamente nada da primeira versão, e o PSP, um console móvel que vendeu milhões de cópias no mundo todo. Kutaragi se tornou presidente da Sony Computer Entertainment, divisão criada especialmente para abrigar a nova linha de negócios.

Histórias como a de Ken Kutaragi são mais regra do que exceção quando falamos de inovação em empresas tradicionais. Tanto a estrutura corporativa como a liderança têm dificuldade para arriscar algo novo quando o modelo atual precisa de atenção e dedicação de energia. Normalmente, são colaboradores internos que percebem a oportunidade e decidem persegui-la, enquanto a maioria dos executivos não está pronta para receber esse tipo de iniciativa e aceitá-la facilmente. É preciso dedicar tempo e esforço para vencer as barreiras de uma empresa já acostumada a enxergar os problemas da mesma forma.

E é aí que entra o intraempreendedor. Idealmente, esse profissional deveria ter recursos e autonomia para perseguir novos projetos, mas o que geralmente encontramos é uma jornada frustrante, repleta de apresentações, revisões de projetos e costura política, sem resultados efetivos. Infelizmente, esta é a realidade de 99% das corporações. E isso não se explica pela falta de visão dos executivos, mas pela configuração da organização moderna. Lembra quando falamos que inovação é uma questão de design organizacional?

É justamente por essa razão que o intraempreendedor se torna tão importante no contexto corporativo. Em um primeiro momento, é este profissional que vai mostrar aos executivos que é possível fazer diferente e obter resultados relevantes. A partir da venda do conceito, um mundo de oportunidades se abre dentro da empresa. No entanto, para alcançar essa oportunidade, o intraempreendedor (assim como qualquer empreendedor) precisa estar preparado para lidar com a resistência que encontrará – e pode aproveitar caminhos mais fáceis nessa empreitada.

## ESCOLHA PRIMEIRO VITÓRIAS FÁCEIS

Quando entendemos o potencial da inovação para revolucionar os negócios, é comum pensarmos muito grande. Nos sentimos um pouco como Neo, no filme Matrix, quando ele começa a enxergar a Matrix como ela é. Contudo, essa empolgação pode nos levar a estratégias equivocadas na venda dos projetos que queremos executar.

Só porque você viu o código da *Matrix*, não quer dizer que os líderes da organização também o viram. A conscientização e o entendimento dos novos paradigmas da inovação não são passos simples e, mais do que entendida, a inovação precisa ser vivenciada. Então, a melhor maneira de fazer com que o seu projeto seja comprado é utilizar a linguagem mais antiga do mundo dos negócios: os resultados.

A melhor pergunta a ser feita é: Como eu posso comprovar que este método e esta forma de pensar podem trazer resultados relevantes para a companhia? E o modo mais efetivo de comprovar é escolhendo projetos em que você consegue obter vitórias fáceis. Geralmente, projetos que estarão associados ao negócio principal da empresa e vão resolver uma ineficiência ou aproveitar uma oportunidade simples, mas significativa.

Foi assim que Rodrigo Sato, gerente sênior de inovação da Rodobens, conseguiu levar os métodos ágeis para dentro da empresa. Essa não era a primeira tentativa de criar projetos de inovação, mas a cultura de uma empresa com quase 70 anos de história e dificuldade de conseguir apoio tanto da alta cúpula como do time de operação sempre impediu que eles fossem para frente.

O jeito encontrado por Sato foi escolher o primeiro foco para atacar. Em abril de 2016, ele levou à presidência da companhia um diagnóstico de que era necessário ter um aplicativo como novo ponto de contato com os clientes. Em vez de desenvolver internamente, pelo departamento de tecnologia, Sato sugeriu a contratação de uma equipe interna que se empenhasse na criação desse projeto de forma mais focada.

Diferentemente do TI da empresa, eles optaram por não trabalhar com entregas em cascata, mas, sim, com as metodologias ágeis utilizadas por startups. Para que isso fosse possível, Sato teve que correr alguns riscos. Em determinado momento, por exemplo, diminuiu o orçamento de projetos já consolidados em sua área para dedicar ao desenvolvimento da nova solução.

Como resultado do novo modelo de trabalho, em 4 meses, o aplicativo estava na rua e batendo todas as metas de engajamento que haviam sido combinadas com a diretoria. Foi uma vitória rápida que convenceu a alta cúpula de que era possível apostar em objetivos maiores. O próximo alvo escolhido por Sato e seu time interno foi a criação de uma aplicação que possibilitasse transações em dinheiro. Foram, então, investidos mais quatro meses de trabalho no desenvolvimento de um aplicativo para venda de consórcios – o primeiro do Brasil. Com maior conhecimento sobre os métodos de inovação e apoio da diretoria, o time atingiu um resultado excepcional: em pouco mais de um ano de operação, o aplicativo chegou à marca de 280 milhões de créditos negociados e vendidos, valor superior ao de muitas concorrentes da Rodobens.

Provando que era possível criar uma nova fonte relevante de receita onde antes não havia nada – e com um investimento de tempo e dinheiro muito inferior do que o necessário em projetos tradicionais –, Sato ajudou a instalar uma nova cultura de inovação na empresa, vencendo as resistências que, no passado, dificultavam o avanço do tema.

### Um passo de cada vez

Harriet Pearson definitivamente não é uma advogada comum. Para começar, é engenheira e advogada. Fez uma carreira brilhante na IBM na qual perseguiu, ao mesmo tempo, seus ideais e projetos. Em nossa entrevista, Pearson contou que, durante toda a sua carreira, sempre foi em busca do novo e da intersecção dos conhecimentos que possuía. Multidisciplinaridade, aliás, é uma característica praticamente onipresente em todos os talentos que fazem a diferença em qualquer tipo de organização.

Em conversa, Harriet compartilhou comigo que, durante seus anos na IBM, atuou em políticas públicas, dialogando com órgãos do governo e debatendo leis ambientais, ampliando a discussão, posteriormente, para o papel da tecnologia na sociedade. Estudando cada vez mais o lado humano da tecnologia, tornou-se a CPO (*chief privacy officer*) da gigante de software, sendo uma das pioneiras no tema da privacidade, tão em voga atualmente.

Depois dos ataques em Nova York em 11 de setembro de 2001, uma mudança radical tomou conta da forma como as empresas enxergam segurança. Harriet entrou de cabeça nesse universo, tornou-se especialista em cibersegurança e passou a se dedicar à busca de novos negócios para a IBM, onde trabalhou por 19 anos. Com essa carreira brilhante, em uma das maiores empresas do mundo, a lógica nos diz que o próximo passo seria continuar crescendo na mesma empresa ou trabalhar em outras gigantes de software globais.

Contudo, o próximo passo de Harriet foi em uma direção bem diferente. Resolveu se juntar ao time da Hogan Lovells, um dos maiores escritórios de advocacia do mundo. Usando toda a prática na área de segurança da informação, criou uma divisão de cibersegurança, sendo reconhecida globalmente em várias publicações por sua prática inovadora na área do Direito, o que lhe rendeu, inclusive, o título de Inovadora do Ano no segmento pelo *Financial Times*, em 2016.

E é justamente nessa decisão contra-corrente de Harriet que percebemos uma de suas características mais predominantes: a inquietude. Ela quer criar coisas novas, onde quer que esteja. Respondendo diretamente ao CEO da companhia, ela recebeu o desafio de tornar o tradicional escritório mais inovador. E, veja, que advogados não são a primeira tribo que vêm à mente quando falamos de inovação.

## Como começar?

Um dos primeiros passos de Harriet foi reunir um time motivado com o tema da inovação. Então, ela optou por criar um time de inovação multidisciplinar, envolvendo pessoas de várias práticas de Direito da empresa, mas que compartilhavam algo em comum: o desejo de fazer algo diferente. Embora sócios da firma estivessem envolvidos, o time não se restringiu a uma hierarquia específica.

Começaram buscando identificar quais eram os empreendedores dentro da empresa, o que levou a uma conclusão que também se provou na minha experiência: para descobrir os intraempreendedores, a melhor forma é atraí-los para as iniciativas de inovação – com chamadas internas ou com convites para reuniões sobre o tema – e não buscá-los nas diversas áreas da empresa. Deixar as portas abertas para quem quer trabalhar com inovação, em vez de sair procurando essas pessoas pelo escritório, permite encontrar gente literalmente em todas as áreas da empresa. Ao encontrar essas pessoas, através de competições internas, o time de inovação deve garantir que elas terão a autonomia e os recursos necessários para realizar seus projetos. Na iniciativa proposta por Harriet, mais de 80 advogados de diversas partes do mundo se envolveram e novas práticas foram criadas, como uma Consultoria em Direitos Humanos, por exemplo.

Com o tempo, os advogados criaram diversas outras iniciativas que fomentam a inovação. Uma delas se chama Masters of Innovation, onde os próprios clientes atuam como jurados dos projetos apresentados, aumentando a colaboração entre os diversos públicos. As pessoas envolvidas recebem coaching para realizar seus projetos, e recursos financeiros para colocar um MVP no ar.

Hoje, a inovação já permeia várias áreas da empresa, com algumas das iniciativas podendo ser acessadas em um site aberto para o público, disponível no endereço: <https://www. hlengage.com>. Ao longo de todo o processo, houve envolvimento direto do CEO, que buscou acompanhar e permitir que a empresa aprendesse o que significa ser inovadora em suas próprias palavras.

Perguntando para Harriet o que ela aprendeu com o processo, ela respondeu:

**1.** Em primeiro lugar, é fundamental um líder visionário, que seja orientado ao mercado e à mudança.

**2.** É preciso ajudar as pessoas a fazer parte do projeto. Ninguém sai inovando imediatamente. Para isso, é importante contar histórias, ser ousado e saber proteger as pessoas.

**3.** Para gerar novas ideias, é preciso disciplina e saber olhar as interseções. Por exemplo, a combinação entre os conhecimentos de cibersegurança com Direito gerou uma das práticas mais bem-sucedidas do mundo no tema.

Ela também falou que é fundamental dar o tempo necessário para que as iniciativas amadureçam. Ponto fundamental para qualquer ação que envolva a essência da companhia. Somente obteremos resultados dando o tempo necessário para que todas essas iniciativas criem frutos. Quando o boca a boca entre os colaboradores for um dos grandes propulsores do projeto, saberemos que estamos fazendo algo significativo. As pessoas discutindo juntas ideias que podem apresentar ou simplesmente incluindo esse aspecto ao contar para um amigo sobre como é bom trabalhar na empresa é um sinal claro de que essa forma de pensar a inovação foi incorporada à cultura do lugar.

Harriet acredita que só está no início da jornada. Mesmo trabalhando há alguns anos no projeto, acredita que o melhor ainda está por vir. Neste momento, ela e seu time estão começando a discutir o futuro da profissão que escolheram. O que vai acontecer com os advogados com a chegada da Inteligência

Artificial? Como se antecipar a todas as mudanças que estão acontecendo no mundo e constantemente se reinventar?

## O *PITCH* PARA OS DECISORES

Boa parte do esforço do intraempreendedor está em vender seus projetos. A capacidade de persuadir os líderes da organização para apoiar suas ideias é crítica para qualquer iniciativa relevante. Esse processo de venda é contínuo e não interessa a sua posição na companhia, todos devem desenvolver essa habilidade. É claro que se você for o CEO é mais fácil, mas mesmo assim ainda terá de convencer os diretores e o *board*.

Geralmente, este não é um processo ágil e exige resiliência dos intraempreendedores. Ele envolve várias reuniões de alinhamento e adaptação constante do discurso até que todos possam entrar em acordo sobre a visão em relação aos próximos passos. Lembre-se de que estamos introduzindo um conceito novo e com algum risco de reputação aos envolvidos. Além disso, é importante reforçar que a maior parte das pessoas não está acompanhando o movimento que estamos vivendo hoje e tem uma grande pressão para atingir metas de curto prazo. A boa notícia é que essas mesmas pessoas se tornam poderosas advogadas dos projetos de inovação, uma vez entendendo os ganhos potenciais das iniciativas.

Para conduzir um processo de convencimento interno, antes de tudo, é importante entender qual o objetivo final. Como já falamos anteriormente, é importante que este primeiro projeto seja específico e, ao mesmo tempo, consiga educar os tomadores de decisão nos principais conceitos da inovação. A seguir, algumas sugestões de como conduzir o processo:

- ■ **Escolha os apoiadores formais e informais da iniciativa** – Para fazer isso, é fundamental que o intraempreendedor entenda como funciona a estrutura de poder da companhia e como funciona a tomada de decisão. O melhor apoiador é aquele que já é um entusiasta da causa e tem um papel relevante na estrutura decisória da empresa. Contudo, não basta apenas convencê-lo. É preciso entender quem mais poderia ser um apoiador ou detrator do projeto e também envolvê-los. O apoiador funciona como uma espécie de cabo eleitoral do projeto. É ele quem, no cafezinho com seus pares da alta cúpula da empresa, vai vender o projeto. Para isso, é importante que ele esteja munido de tantas informações quanto o intraempreendedor.

■ **A bateria de apresentações** – Aquela visão idealizada dos filmes de que basta uma apresentação vitoriosa na diretoria para sair com o projeto aprovado não poderia estar mais longe da realidade. O verdadeiro alinhamento é feito um a um, com cada um dos apoiadores do projeto. Trata-se de um processo longo e cansativo, com várias reuniões e conversas informais. O mais importante é ajustar o material de acordo com os feedbacks recebidos. Quanto mais apresentações, mais *inputs* temos para melhorar a apresentação. Muitas vezes a apresentação final para a diretoria ou o conselho é apenas uma formalização de um processo que levou meses para definir o projeto e obter o consenso de todos os envolvidos.

■ **Contorne as objeções** – Todo projeto apresentado vai suscitar objeções dos participantes. É praticamente impossível que ele não tenha algum ponto que possa provocar insegurança em algum dos envolvidos. Quanto mais inovador o projeto, mais arriscado ele é (por via de regra), então, além de pensar cuidadosamente no projeto a ser apresentado, é importante levantar as principais objeções que podem surgir durante os debates e as formas de contorná-las. Geralmente, as objeções vão estar relacionadas ao risco envolvido na falha do projeto, como dano de imagem para a companhia ou investimento perdido, por exemplo. É importante que, na definição do projeto, esses riscos sejam consideravelmente mitigados para que, se você não pode garantir o sucesso da empreitada, assegure os líderes de que está preparado para lidar com qualquer que seja o resultado sem que isso comprometa a organização.

■ **Versões do *pitch*** – Este é um aprendizado do mundo das startups. Geralmente, para captar investidores para o seu projeto, os empreendedores fazem apresentações rápidas para provocar o interesse. Essas apresentações são chamadas de *pitches* e podem ter durações variadas. Em média, uma apresentação para investidores dura cinco minutos. Neste tempo, o empreendedor deve apresentar o mercado, o projeto, a oportunidade, o time e tudo mais que possa ajudar a convencer a plateia a se interessar em conversar por mais tempo. Existem versões com apoio de material visual e aquelas que são baseadas em uma conversa rápida. A versão mais curta é chamada de *pitch de elevador*. Tem a duração de até um minuto e serve para convencer um potencial interessado em um curto espaço de tempo, como o trajeto de um elevador. Ao preparar o seu projeto, crie versões para cada duração possível de conversa (1 minuto, 5 minutos e 30 minutos ou mais).

■ **Mostre ganhos claros em uma planilha** – Quanto mais dados você tem, mais fácil é a venda do projeto. Idealmente, você já rodou algumas versões do que quer fazer em uma escala menor, comprovando que o modelo pode funcionar. A abordagem de criar um MVP e testar antes muitas vezes é decisiva para uma aprovação de projeto. Prepare a argumentação funcional, emocional e financeira do projeto. Se o projeto consegue se vender sozinho com números, sua vida fica bem mais fácil.

■ **Defina critérios claros de sucesso** – É muito comum um projeto de inovação ser aprovado e, após o seu término, ficar uma sensação de que não deu certo. Isso acontece porque não foi definido claramente um critério de sucesso antes de começar a sua execução. Os critérios de sucesso trazem alinhamento e retiram parte da subjetividade do processo. Não precisa ser uma meta financeira. O mais importante é que tenha embasamento lógico e esteja alinhado com todos os decisores.

- **Mostre a sua visão** – É fundamental que fique claro que o projeto é apenas uma primeira etapa de algo muito maior. Mostre o potencial e até onde alcança a sua visão. É isso que vai fazer a diferença. Criar uma visão de longo prazo vai exigir pesquisa e dedicação, mas vai ser fundamental para o convencimento dos decisores, além de garantir que todos estão na mesma página quando você precisar escalar o projeto.

Além da venda do projeto, é importante que você também pense no dia 2. Ou seja, uma vez que o seu projeto seja aprovado pelos decisores, é importante que você rapidamente o coloque em andamento e mantenha os apoiadores informados do progresso.

## DEFININDO O SEU PRIMEIRO PROJETO

Os primeiros projetos vão dar o tom da aprovação das iniciativas futuras, e este é um ponto que gosto muito de reforçar. Já presenciei casos em que um primeiro projeto causou tamanho descrédito na frente de inovação que paralisou por anos a aprovação de novas propostas. Como se trata de um assunto novo para a companhia, é importante que a escolha da primeira frente esteja cuidadosamente planejada.

Lembre-se de que a empresa ainda não está acostumada com o erro e ainda percebe a falha como sinônimo de fracasso. Não estou sugerindo realizar projetos à prova de erro, mas que tenha em mente que os executivos ainda não entendem a inovação como um jogo de números, da mesma forma que um investidor no mercado de startups.

Normalmente, o primeiro projeto vai ser algo relacionado ao Horizonte 1, que é a inovação ligada ao negócio principal da companhia. A seguir, alguns parâmetros que podem ajudar você a definir qual será o seu primeiro projeto:

- **Existe algum gargalo óbvio de conversão na geração de demanda via canais digitais da companhia?**

Esses gargalos são muito comuns na maior parte das grandes empresas. Geralmente, são fruto das estruturas departamentalizadas, que não levam em consideração a jornada do cliente. Pense em um projeto que consiga resolver rapidamente esse gargalo.

### ■ As áreas de negócio já contratam startups para resolver seus problemas?

Esta é outra vitória simples de se obter. É muito comum as áreas de apoio, como RH, Suprimentos e Administração, estarem trabalhando com os mesmos fornecedores que sempre utilizaram. Existem várias soluções simples e extremamente eficazes que startups podem trazer para essas áreas.

### ■ Há oportunidades de otimização na jornada do cliente dentro da companhia?

O mesmo problema que acontece na captação também é comum uma vez que o prospect se torna cliente da empresa. Podemos tanto melhorar consideravelmente a experiência deste cliente com a tecnologia como fazer experimentos para realizar vendas cruzadas de outros produtos, por exemplo.

### ■ Existe algum processo específico que pode ser otimizado facilmente?

Utilizando metodologias como o Design Sprint, é possível otimizar processos rapidamente dentro da empresa, trazendo as diferentes áreas envolvidas para cocriação. Em poucos dias, conseguimos obter ganhos consideráveis e mensuráveis.

Estes são apenas alguns exemplos que podem ser endereçados no primeiro projeto. O mais importante é que ele seja claramente definido e você já tenha dados suficientes para fazer uma boa apresentação para a diretoria. Em vez de pensar em utilizar a robótica para revolucionar a empresa ou criar uma nova unidade de negócio, muitas vezes algo mais simples como um *chatbot* ou uma automação de marketing pode ajudar a provar o valor desse tipo de iniciativa de forma mais simples e efetiva.

## RECEBI A APROVAÇÃO, E AGORA?

Lembre-se de que este primeiro projeto tem um propósito na sua estratégia. Ele vai comprovar a sua tese para os decisores de que a companhia precisa trabalhar inovação de um modo diferente. O seu trabalho começa de verdade depois da aprovação. Sua energia deve ser investida para que o projeto vá para o ar e gere os resultados que você espera.

Além de trabalhar intensamente neste primeiro projeto, é fundamental manter os decisores informados do que está acontecendo. Isso pode ser feito com e-mails periódicos, mas também com atualizações presenciais, na maior parte das vezes informais.

O projeto está apresentando resultados mensuráveis, e você se sente confortável para fazer uma nova reunião de acompanhamento. Então, agende com o grupo e vá munido de todas as informações que você dispõe. Não esqueça da sua visão. Ela deve ser repetida exaustivamente para todos.

Outro ponto fundamental é ter clareza sobre os próximos passos. Quais os próximos projetos que você sugere realizar? O processo deve ser o mesmo que o da primeira vez, com a vantagem de você ter mais credibilidade e os decisores entenderem um pouco melhor a lógica da coisa. Faça o dever de casa e repita.

Aos poucos você terá mais recursos e credibilidade para alçar voos mais altos.

Não desista. Precisamos de você inovando!

"APENAS TER IDEIAS NÃO É O SUFICIENTE PARA OBTER RESULTADOS REAIS. E A INOVAÇÃO É PRÁTICA POR EXCELÊNCIA."

# CAPÍTULO 12

## CAPACITANDO A EQUIPE PARA A NOVA REALIDADE

*"A experiência é a professora de todas as coisas."*

Júlio César, líder militar e ditador romano

**SABEMOS** em qual guerra estamos entrando. Conhecemos o inimigo, mas nossas tropas não sabem lutar. Um dos recados centrais deste livro é que inovação se faz com gente, não com tecnologia. É isso que diferencia as empresas vencedoras daquelas que não conseguem sair do lugar. Para vencermos a guerra é preciso um exército altamente treinado e preparado para tudo que vamos encontrar no caminho.

É sedutor pensar em um modelo de trabalho no qual as pessoas são desafiadas por objetivos ousados e têm liberdade para criar e atingir as suas metas de diferentes formas. A liberdade e a autonomia são tentadoras, e todos nós gostaríamos de trabalhar em um ambiente assim.

Pelo menos em teoria.

Havíamos iniciado um projeto com uma grande companhia brasileira e estávamos em nossa reunião de kick-off, ou seja, de alinhamento. Tratava-se de um spin-off de um projeto. O objetivo era tirar o time da estrutura tradicional da grande empresa e passar a trabalhar como uma startup em um programa planejado para se desenvolver durante três meses. Eles não só utilizariam diversas das mais modernas metodologias para a criação de negócios inovadores como também trabalhariam lado a lado com startups reais.

A primeira reunião correu bem. Todos pareciam bastante empolgados – especialmente quando reforcei que não teriam "chefe" e que tomariam as principais decisões de negócio. Também gostaram muito da ideia de trabalhar centrados no cliente. No decorrer do encontro, o time reclamou da influência dos executivos seniores da companhia no seu projeto atual. Garanti que, nessa nova iniciativa, eles estariam livres para gerar os resultados que o projeto precisava, sem a interferência de executivos. Apenas do cliente.

No dia seguinte, todos vieram empolgados. Chegaram cedo. A primeira atividade era simples: ir para a rua e conversar com clientes reais. Quando mostramos a metodologia, aos poucos a empolgação foi sendo substituída por ansiedade. "Como vou abordar os clientes?", "Como conduzir?", eram algumas das principais perguntas. Alguns se recusavam a ir, afirmando que eram técnicos e este não era o trabalho de desenvolvedores. Passei os próximos 60 minutos deixando-os tranquilos quanto à tarefa e sensibilizando-os quanto a sua importância, pois essa atividade os tiraria da zona de conforto, mas teria um grande impacto em sua formação e no desenvolvimento do projeto. No fim, todos concordaram em ir para a rua.

Dois dias de validação depois, o clima era bem diferente. O medo tinha dado lugar novamente à empolgação. A energia era alta na sala. Várias descobertas tinham sido feitas ao longo desses dois dias. Basicamente, teriam de jogar fora o trabalho dos últimos quatro meses, porém, agora sabiam o que precisava ser feito. As conversas com clientes reais, de maneira estruturada, tinha revelado novos caminhos e *insights* ao time.

A equipe trabalharia em um protótipo, ou MVP, nos dias seguintes e faria uma nova rodada de validação com clientes. Sentamos para discutir como conduziríamos essa próxima fase, e o time chegou à conclusão de que precisaria de dois meses para construir um MVP. Disse que aquilo era muito tempo e que o protótipo precisaria sair do papel em poucos dias. Senti, naquele instante, o clima na sala mudar completamente. Pensar que deveriam ter algo pronto em alguns dias era absolutamente irreal para aquele grupo e não demorou para que começassem a surgir piadas e comentários irônicos em relação à metodologia. Minha solução foi trazer uma startup para a conversa. Uma startup real.

Eram três sócios, que já estavam em fase de crescimento. A startup já faturava mais de seis dígitos por mês e tinha uma equipe de dez pessoas. Pedi que o time da empresa mostrasse seu desafio e quais os aprendizados até aquele momento. Obviamente, eu sabia o que os empreendedores da startup falariam, mas se eu falasse não teria o mesmo impacto. Um dos sócios perguntou por que eles não faziam um MVP *concierge*, um tipo de protótipo em que os processos são realizados manualmente, sem que o cliente note isso. Mencionou que, em sua startup, no início, não tinha nenhuma tecnologia funcionando. Era basicamente os sócios fazendo as atividades operacionais, enquanto os clientes tinham a percepção de que estavam sendo atendidos por um sistema.

No final do dia, o time de intraempreendedores entendeu que o objetivo de um MVP não era colocar um produto técnico no ar, mas aprender por meio do contato com clientes reais. Em vez de apenas ouvir o que os clientes dizem, um MVP permite entender o que eles fazem com o produto em mãos. E demorar dois meses para continuar o aprendizado não fazia sentido.

O time repensou suas estratégias e montou um MVP em apenas dois dias. Para isso, todos tiveram de participar da criação. A energia continuava muito alta. Embora a versão final tenha ficado bem feia e simples, todos entendiam que isso fazia parte do processo.

A semana seguinte foi de muito aprendizado. Obviamente, as coisas não saíram como planejado. Os clientes não estavam utilizando a solução. Depois de algumas baterias de conversas com os usuários, o time criou outra estratégia de ataque. Passaram alguns dias fazendo ajustes e foram novamente testar.

Dessa vez o resultado foi diferente. No contato direto com quem ia usar a solução, o time descobriu alguns pontos importantes na proposta de valor que não estavam claros antes.

Um mês depois, já existia um MVP bem mais consistente, sendo utilizado por mais de 20 clientes. Alguns já pagavam pelo uso, inclusive. Se alguém de fora passasse pelo time trabalhando no meio das startups não conseguiria adivinhar que se tratava de funcionários de uma grande empresa.

Dois meses depois, o projeto já tinha mais de 30 usuários pagantes, e a equipe teve de aprender como fazer testes de preço. Também teve de montar uma primeira versão da estratégia de distribuição do produto, prospectar potenciais clientes no LinkedIn e mandar e-mails personalizados diretamente. Tudo isso utilizando ferramentas gratuitas ou gastando muito pouco.

Ao término do programa, estava na hora de o time voltar ao comitê executivo da empresa e apresentar seus resultados. Passamos alguns dias treinando o *pitch*, ou seja, como eles fariam essa apresentação para a qual teríamos 30 minutos. Parece pouco tempo, mas no mundo das startups isso é uma eternidade. Geralmente, empreendedores têm de três a cinco minutos para apresentar seus projetos.

No dia da apresentação, o time estava tranquilo. Chamei o líder para perguntar como estava se sentindo e ele contou que estava muito feliz com o que tinham conseguido fazer. Disse-me que tinha aprendido a trabalhar de um jeito que não sabia ser possível antes da imersão e estava disposto a tocar o projeto sozinho, caso o comitê não o aprovasse. Foi nesta hora que eu soube que tinha acontecido uma mudança profunda na sua visão de mundo. Ele entendeu que era possível trabalhar de outra forma e que as novas competências adquiridas possibilitariam a ele encarar qualquer outro desafio. Inclusive como empreendedor no mercado.

A apresentação foi um sucesso. Não só os executivos ficaram impressionados com o resultado, como decidiram unanimemente continuar investindo recursos financeiros no projeto. A startup interna tinha recebido sua próxima rodada. Conseguíamos perceber a surpresa no olhar dos diretores que estavam na sala. Alguns eram completamente contra o experimento no início, pois achavam loucura tirar tantas pessoas da operação para tocar algo tão incerto.

Ao término da reunião, chamei o CEO para conversar. Ele estava eufórico e já pensava em outros times para envolver na mesma jornada. A empresa estava há anos tentando mudar a cultura para algo mais próximo do que falamos neste livro, mas até então sem sucesso. Gastaram muito dinheiro com treinamentos ensinando a metodologia e reformaram diversos andares do prédio, deixando tudo com cara de *coworking*. Contudo, a cultura continuava a mesma: resistência à inovação, pessoas tentando botar a culpa na outra área e pouca gente assumindo o risco.

Expliquei ao CEO que o aprendizado do time que desenvolveu a startup interna poderia ajudar na mudança de cultura, mas que, ao olhar o todo da organização, as pessoas estão trabalhando da mesma forma há muitos anos e não podemos exigir comportamentos diferentes com iniciativas superficiais. Precisamos ajudá-las adotando programas que promovam a experiência real para todos.

## PROGRAMAS DE CAPACITAÇÃO CENTRADOS NA EXPERIÊNCIA

Se existe alguma coisa que eu aprendi dando aulas há mais de 15 anos é que o método determina como as pessoas vão receber o conteúdo. O modelo de sala de aula tradicional, em que o professor dá uma aula expositiva e as pessoas anotam os pontos mais relevantes, nunca foi muito efetivo. Agora, então, com as mudanças em como interagimos com o mundo, funciona ainda menos.

A solução é adotar métodos ativos de ensino. Métodos que façam o aluno participar, resolvendo problemas ou trabalhando em um projeto específico. Quando mudei minha forma de dar aulas, lá em 2010, essa atitude foi um divisor de águas. Passei a dar aulas utilizando projetos, falando muito pouco lá na frente.

O aumento do engajamento dos alunos foi incrível. No entanto, sempre me preocupei em medir o resultado final. Será que estavam retendo efetivamente os conteúdos? Durante os dois primeiros anos seguintes à minha mudança de abordagem, ainda passava prova, comparando os resultados entre os alunos anteriores e os novos. Depois de algumas turmas eu não tinha mais dúvida nenhuma: a absorção do conteúdo era, pelo menos, 30% maior do que no método anterior.

Contudo, este não era o maior indicador. O que mais me surpreendeu foi o impacto no longo prazo em relação às carreiras dos alunos. Vários deles promoveram mudanças com base na vivência que tiveram em sala de aula e encontraram novos rumos para suas carreiras ou abordagens diferentes para problemas tradicionais. E eu sei disso porque eles fazem questão de me mandar mensagens relatando o que fizeram, algo que não acontecia antes.

Foi a partir disso que comecei a me debruçar na maneira como as empresas capacitam suas equipes. O modelo tradicional ainda impera. Com verbas cada vez menores de treinamento (provavelmente, devido à sua ineficiência), as empresas adotam soluções *on the job* (nome chique para "senta do lado e ensina como fazer") ou capacitações mais curtas. Acredito que esse tipo de abordagem possa funcionar, mas para conhecimentos mais técnicos e pontuais. Se queremos mudar uma cultura, certamente não é assim que faremos a transformação.

Além disso, acontece algo bastante comum na maior parte das organizações. Os executivos sentem que a empresa precisa mudar, então contratam treinamentos para os times abaixo deles. E, na maior parte das vezes, os próprios executivos não participam. Se estamos buscando um modelo de pensamento completamente diferente do tradicional, como vamos provocar essa mudança se o líder não está nas trincheiras com os liderados?

A mudança começa de cima, como mostra o diagrama:

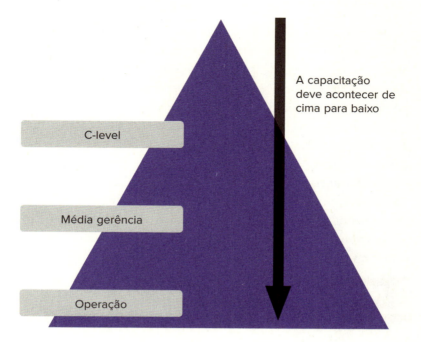

Imagine uma empresa que passa a trabalhar com novos métodos e maneiras de enxergar a inovação, mas cujos líderes não estejam capacitados nesta nova visão. Um time que está trabalhando há meses em um projeto vai apresentar os resultados à liderança. O visual do site ou do aplicativo certamente não estará no padrão que esses executivos estão acostumados, e as receitas obtidas até o momento não estão nem próximas da que projetos minimamente relevantes costumam apresentar dentro da empresa. O que acontece, então? Um diretor pede para mudar o *layout* (não é nem um pouco difícil imaginar, não é mesmo?) e outro pergunta por que uma reunião está acontecendo para discutir um projeto com receita tão baixa. São exemplos que eu já vivenciei na prática, situações que têm o potencial de impedir o avanço da inovação, mesmo que os investimentos em capacitação estejam sendo feitos na companhia inteira.

Somente entendendo que o desconforto deve estar generalizado na corporação é possível provocar a transformação radical que buscamos. E este desconforto começa com a liderança.

Quando fiz o primeiro workshop com altos executivos no qual ensinava os métodos utilizados pelas startups, o estranhamento foi muito grande. Contudo após alguns dias, depois de perceber o impacto no resultado e no entendimento do cliente, todos estavam comprados com os métodos.

Uma vez que os líderes da organização entendam como funciona a lógica da inovação, é o momento de criar um programa efetivo de formação de pessoas centrado na experiência. Esse programa normalmente envolve a imersão de um time em um problema ou oportunidade, utilizando as metodologias consagradas no mundo do *design thinking* e construção de startups. Em geral, envolvem contato direto com o cliente e o desenvolvimento prático de soluções.

## A MELHOR MANEIRA DE MONTAR UM PROGRAMA DE CAPACITAÇÃO PARA A MUDANÇA DA CULTURA ORGANIZACIONAL É EXECUTAR O PROGRAMA EM ETAPAS, ESCOLHENDO ALGUNS TIMES POR VEZ.

Queremos que os colaboradores que passaram pelo programa e conseguiram obter resultados concretos em suas áreas comentem e compartilhem com seus colegas. O engajamento acontece em uma crescente, atraindo as pessoas que realmente querem fazer a diferença.

Neste momento, o papel da liderança é crítico, dando o exemplo no dia a dia ao participar das atividades e mostrando que realmente está investindo na mudança. Caso não seja algo legítimo e visto na prática pelos colaboradores, vai se tornar mais uma iniciativa de capacitação com o objetivo de torná-los mais produtivos ou engajados sem oferecer novos subsídios ou suporte. Se queremos realmente revolucionar a companhia, precisamos mostrar que estamos 100% comprometidos com a mudança.

## CRIANDO COACHES INTERNOS DE INOVAÇÃO

O objetivo da área de inovação de uma empresa não é inovar. É tornar a empresa mais inovadora. Essa distinção é sutil, mas faz toda a diferença. Se pensar que a área de inovação é responsável por realizar todos os projetos de inovação, isso significa que estaria apostando o futuro da organização numa única área, e obviamente isso não faz sentido.

**SE QUISERMOS QUE A EMPRESA SE TORNE REALMENTE INOVADORA, A ÁREA DE INOVAÇÃO DEVERÁ TER UM PAPEL MUITO MAIS DE CONSULTORIA E COACHING INTERNO DO QUE EFETIVAMENTE DE LEVAR ADIANTE UMA SÉRIE DE PROJETOS.**

A maioria das empresas vai precisar, em algum momento, de um Posto Avançado de Inovação. Nesse caso, acredito que este possa ser um desdobramento da área de inovação atual. Contudo, antes que isso aconteça (e mesmo depois) é fundamental que a área de inovação apoie o negócio como um todo no desenvolvimento da cultura de inovação e propagando os métodos que podem ajudar os times a chegar mais perto do modelo do qual falamos neste livro.

Neste contexto, a área de inovação passa a ser uma grande formadora de pessoas, ajudando a levar os projetos em andamento para outro nível. Na ACE, temos a figura do Acelerador, pessoa responsável por ajudar a startup a atingir novos patamares de performance através de mentorias, conexão com pessoas do mercado que podem ajudá-los, apoio metodológico e tudo o mais que o time precisar para atingir a performance necessária. São verdadeiros coaches e mentores dos empreendedores.

Cada Acelerador tem um portfólio de startups, que oscila entre 5 e 15, e tem responsabilidade direta em relação a essas empresas perante a ACE. Com o tempo, aprendemos que o trabalho não é em cima dos projetos, mas na cabeça dos empreendedores, pois quando estes mudam, a empresa muda junto.

Todo esse processo pode durar mais de um ano. São várias ferramentas disponíveis aos Aceleradores para realmente ajudar em tudo o que estes empreendedores precisarem. Quando começamos a usar uma variação deste método com times de grandes corporações vimos a mesma mudança acontecer junto aos intraempreendedores.

Se queremos adotar a mentalidade de Inovação Radical no negócio, acredito que as áreas de inovação devem assumir uma postura muito próxima do modo como trabalhamos com os Aceleradores: com o apoio aos intraempreendedores. Assim é possível mudar drasticamente a forma como os projetos são gerenciados e, principalmente, a visão que os profissionais da companhia têm em relação ao que é possível fazer. E sempre é possível fazer mais. Sempre é possível mirar mais longe. Para realizar tudo isso, a alta direção deve estar totalmente envolvida.

## NEM TODO MUNDO VAI SE ADAPTAR

Trabalhar em projetos utilizando métodos ágeis, colocando o cliente no centro da equação e utilizando o modo de pensar de uma startup é extremamente atraente. Em teoria, a grande maioria das pessoas iria adorar essa forma de trabalhar, pois o impacto do trabalho individual nos projetos é muito mais palpável, assim como o senso de equipe.

Parece sedutor. E é.

No entanto, não é todo mundo que se adapta a um ambiente assim. Algumas pessoas gostam de previsibilidade, de fazer tarefas que sigam rotinas claras e possam entrar no "piloto automático". Outras gostam de atividades com grande nível de exigência e variáveis, mas desde que sua atuação seja restrita a uma área muito específica. Profissionais que se encaixam nesses perfis também são importantes e podem entregar resultados fora da curva. Existe espaço para esses tipos de função nas organizações. Bastante espaço. Como mencionei antes, há diversas áreas e atividades que se encaixam na categoria da alta previsibilidade, ou seja, sabemos o que queremos e precisamos trabalhar para ganhar mais eficiência.

Tem espaço para inovação nessas atividades? Sem dúvida! Mas grande parte do trabalho envolve gerenciar a rotina, garantir que tudo está andando na direção certa, com as métricas certas. E, para essas demandas, tudo bem manter-se nos métodos tradicionais se estes foram suficientes para os objetivos dessas áreas.

Contudo, existem as áreas de fronteira da organização. Aquelas que têm a responsabilidade de lidar com o imprevisível, com o novo. No passado, essas áreas eram muito específicas, pontuais. Com toda a mudança que está acontecendo no mercado, este novo modelo organizacional, representado por tudo que falamos neste livro, está se tornando cada vez maior e mais relevante. Dependendo do mercado, essas áreas podem envolver marketing, vendas, desenvolvimento de produtos, recursos humanos, enfim, tudo que enfrenta novos desafios. Nessas áreas, o perfil profissional é outro. A rotina dá lugar aos testes, à experimentação. Este movimento constante exige pessoas com perfis mais dinâmicos, com mais flexibilidade e capacidade de aprendizado rápido.

É comum, ao implementarmos novas formas de trabalho, que algumas pessoas não se adaptem. O que descobri na prática é que, embora as novas propostas de inovação sejam sedutoras, quando as pessoas começam a executar os projetos e viver este novo modelo em seu dia a dia, a experiência é bem diferente.

As coisas nunca acontecem conforme o plano inicial. Correções de rumo e frustração são comuns. É muito fácil estarmos errados e termos de aprender coisas novas e recomeçar. E não é fácil lidar com este ambiente. O estranhamento inicial pode passar, e o profissional pode aprender a encarar com este mundo, passando a gostar e se desenvolvendo nesse meio. Mas o contrário também é bastante comum: o profissional não gosta e sente muita dificuldade em fazer a transição, limitando assim seus resultados.

O papel da liderança, nesse contexto, é dar o tempo necessário para que as pessoas se acostumem à nova mentalidade, e entender que nem todos vão se adaptar. Estamos falando de uma mudança cultural, o que é algo bastante complexo em qualquer organização. Os líderes precisam estar atentos a essas questões e, em alguns casos, fazer mudanças na configuração dos times para obter o máximo dos talentos que têm na organização.

Aos que não se adaptam e são profissionais competentes, sempre existem aquelas áreas e os processos que precisam de pessoas que saibam lidar com a rotina e a melhoria contínua. Em alguns casos, entretanto, alguns profissionais não conseguem ser mais aproveitados pela nova estrutura e precisam ser desligados da empresa. Na grande maioria dos casos, os próprios profissionais saem antes de serem necessárias as medidas extremas, uma vez que percebem que não se veem no novo ambiente.

## CABEÇAS NOVAS

Um dos pedidos mais comuns para empresas de busca de profissionais no mercado é de gente que já tenha experiência naquele setor específico. Se sou um banco, busco gente que tenha trabalhado no setor bancário. Existe uma lógica por trás desse pedido: normalmente, a curva de aprendizado desses profissionais é bem menor do que se comparados a alguém que veio de uma área completamente diferente, e eles conseguem obter uma boa performance rapidamente. Mas o problema dessa abordagem é justamente a experiência no setor.

Tendemos a ficar viciados quando confrontados com os mesmos desafios. Ao trabalhar em uma empresa do mesmo segmento, é normal que, quando migramos para outra empresa, utilizemos soluções muito semelhantes às que utilizávamos na experiência anterior. Ao ficar na mesma indústria durante muito tempo, aquilo que é costume acaba virando boa prática. E não necessariamente existem evidências concretas de que esses são os melhores caminhos.

Ao trazer pessoas de outros setores, com experiências completamente diferentes, as empresas conseguem oxigenar sua maneira de pensar. Essas pessoas vão encarar problemas antigos com novos olhos e se perguntar: Por que não? E este é um dos grandes impulsionadores da inovação: um novo olhar.

Além de preparar a equipe interna para os desafios que vêm pela frente e organizá-los de forma diferente, em muitos casos faz sentido trazer talentos de fora. Esses talentos não devem ser encarados como salvadores da pátria, mas gente que vai trazer novas referências de mundo, modelos de trabalho, maneiras de pensar e olhar os velhos problemas como se fosse a primeira vez, portanto, com chances muito maiores de encontrar lacunas que aqueles que já estão muito envolvidos não conseguem mais enxergar.

Da mesma maneira, não devemos ter medo de movimentar pessoas internamente para encarar desafios completamente diferentes. Mudar gente de área e dar novas responsabilidades é uma excelente forma de gerar novos pontos de vista.

Antes, eu sempre trazia pessoas com muita experiência no setor que precisava atuar, pois acreditava que me ajudaria a ter resultados mais rapidamente (o que de fato acontecia), mas, com o tempo, descobri que trazer pessoas capazes e com atitude certa de outras áreas não é complicado. Muito pelo contrário. Geralmente, aprender os detalhes do setor ou do cargo é muito mais simples do que trabalhar questões de atitude e maneira de pensar. Pessoas dispostas a se desenvolver e realmente dedicadas e comprometidas conseguem aprender rápido. E quando voam, voam alto.

## INOVAÇÃO PASSA POR CULTURA – E CULTURA É GENTE

Se quisermos fazer uma mudança duradoura e impactante em nossos negócios, o elemento humano deve ser aquele em que mais devemos investir, e ter a paciência para entender que as coisas não acontecem do dia pra noite. Requer investimento de tempo, dinheiro e energia, mas duvido que haja qualquer outro investimento no negócio com retorno semelhante a este.

Existe um cinismo no mercado em relação aos quadros bonitos de valores na parede ou às missões e às visões da maioria das companhias. Coisas que são ditas e não praticadas. Palavras que foram induzidas por algum consultor, em algum momento, e viraram quadros.

Este cinismo faz todo sentido, pois a maioria das empresas não dá muita bola para as palavras que estão escritas lá. São apenas palavras.

As startups não se comportam desse jeito. Em um mercado em que as vantagens competitivas são tão difíceis de criar e manter, cultura e valores se tornam armas para enfrentar a concorrência. É por isso que os melhores empreendedores de startups são obsessivos com isso, certificando-se de que as pessoas contratadas realmente têm sinergia cultural com o negócio, e que os valores são realmente praticados no dia a dia. Mesmo que a empresa perca dinheiro em algum negócio? Sim. Mesmo que alguns valores sejam estranhos? Sim.

# AS EMPRESAS QUE VÃO GANHAR A BRIGA PREOCUPAM-SE COM AQUILO QUE AS TORNAM ÚNICAS.

Entendem que a perenidade vem da transmissão da cultura para todas as novas pessoas, e que qualquer mudança cultural envolve um grande esforço e comprometimento por parte dos líderes. Sabem que não é com o primeiro soluço de mercado que vão jogar fora tudo que construíram.

## CONCLUSÃO

# ESTE É SEU PONTO DE PARTIDA

**E**STAMOS vivendo em um momento único da história. Nunca houve tanto valor a ser capturado no mercado. Costumo dizer que entramos na era da abundância. Até então pensávamos em termos de escassez.

Em vez de pensar nos perigos aos quais o modelo de negócios atual está submetido, os líderes corporativos precisam encarar as mudanças que estão acontecendo em todos os setores como oportunidade para repensar suas empresas. É como se os negócios passassem a ser escritos em um novo idioma e somente uma parcela das empresas o compreenda. Este novo idioma é resultado do entendimento de uma profunda mudança na dinâmica de como os produtos estão sendo consumidos na ponta, pelos consumidores.

Os ciclos cada vez mais rápidos fazem com que a reação a essas mudanças precise ser completamente diferente do que estávamos acostumados. Apenas executar a cartilha de gestão tradicional de forma mais rápida não é mais suficiente. Precisamos de novas cartilhas e formas de pensar negócios. Este livro não se propõe a ser um guia definitivo para estas mudanças, mas um ponto de partida.

Acredito que a nova cartilha está sendo escrita. No meio dessa profunda metamorfose, várias crenças estão sendo questionadas com pragmatismo e dados. Novos perfis de gestores estão emergindo, com um novo vocabulário de negócios e propostas diferentes quanto a formas e modos de agir.

Há muitos anos não somos desafiados dessa maneira.

Em meio a tantas conversas a respeito da tecnologia destruindo empregos e modificando o mercado de trabalho, acredito que o momento que estamos vivendo é quase uma busca pela essência do ser humano. Vejamos o exemplo da Inteligência Artificial. Vista por muita gente como uma ameaça, acredito que ela vá liberar as pessoas para serem mais criativas, contar melhores histórias e realizar trabalhos com significado.

Uma das minhas mais profundas crenças é que boa parte do valor a ser capturado pela inovação passa pela maneira como gerenciamos e tratamos os talentos. Todos os métodos e princípios que abordei neste livro passam por uma mudança no modo como a gestão moderna lida com os seus times.

Eu acredito que a briga pelo talento ainda não chegou perto do que será nos próximos anos. Devemos nos preparar para isso, tanto como negócio quanto pessoalmente.

Precisamos aprender a desaprender.

Se há uma grande diferença entre as empresas de ponta que estudei para escrever este livro e a maior parte das empresas do mercado é a qualidade e a autonomia dada aos talentos. Vi times de três pessoas fazendo o trabalho de um departamento inteiro. Também vi gente de todas as áreas e formações trabalhando juntas, criando coisas muito além do que imaginavam ser possível.

Quando visito empresas que ainda não se atentaram para essas mudanças, percebo claramente quem são essas pessoas. Elas estão resignadas, fazendo muito menos do que sua capacidade. E isso é culpa da maneira como entendemos e pensamos negócios. Algumas empresas já estão percebendo isso e ressignificando o trabalho desses profissionais. E colhendo resultados.

Espero que você tenha se divertido ao ler este livro tanto quanto eu me diverti escrevendo-o. Também espero que você crie seu próprio manual de como ingressar na era em que estamos entrando.

Adoraria ver cada um dos princípios deste livro desafiados, testados e melhorados por pessoas que estão atuando na fronteira do que é possível fazer hoje. Existem infinitos caminhos e combinações possíveis. O mais importante é manter a filosofia que nos trouxe até aqui e continuar testando, validando e aprendendo. Sem preconceitos ou cânones.

Eu continuarei tentando mexer o ponteiro na direção da inovação, criando valor e buscando aliados nesta jornada. Espero receber notícias sobre as coisas legais que você está conseguindo fazer.

Até a próxima.

# NOTAS

## Capítulo 1

1. Perry, Mark J. *Fortune 500 firms 1955 v. 2016: Only 12% remain, thanks to the creative destruction that fuels economic prosperity*. Disponível em: <http://www.aei.org/publication/fortune-500-firms-1955-v-2016-only-12-remain-thanks-to-the-creative-destruction-that-fuels-economic-prosperity/>. Acesso em: 13 jul. 2018.

2. Disponível em: <https://www.statista.com/statistics/264810/number-of-monthly-active-facebook-users-worldwide/>. Acesso em: 13 jul. 2018.

3. Disponível em: <https://www.nasdaq.com/article/better-buy-ford-motor-company-vs-tesla-inc-cm877014>. Acesso em: 13 jul. 2018.

4. Segundo a Tecmundo: <www.tecmundo.com.br/netflix/113130-4-2-milhoes-pessoas-ainda-alugam-dvds-netflix-correio-eua.htm>. Acesso em: 15 jun. 2018.

5. Disponível em: <https://tecnoblog.net/219228/netflix-100-milhoes-de-assinantes>. Acesso em: 15 jun. 2018.

6. Disponível em: <http://www.businessinsider.com/amazons-cloud-business-hits-over-12-billion-in-revenue-2017-2>. Acesso em: 13 jul. 2018.

7. Publicado em 2001 pela M.Books.

8. Disponível em: <www.iriweb.org/sites/default/files/2016GlobalR%26DFundingForecast_2.pdf>. Acesso em: 15 jun. 2018.

9. Disponível em: <www.strategy-business.com/article/04205?gko=538fe>. Acesso em: 15 jun. 2018.

10. DRUCKER, Peter F. *The Practice of Management.* Nova York: Harper Collins, 1954.

## Capítulo 2

11. Tamanho da participação de mercado da empresa, relativa aos demais concorrentes.

12. Disponível em: <https://medium.com/singularityu/how-to-think-exponentially-and-better-predict-the-future-f4b4b8a29fc7>. Acesso em: 15 jun. 2018.

13. Disponível em: <www.statista.com/statistics/263438/market-share-held-by-nokia-smartphones-since-2007>. Acesso em: 15 jun. 2018.

14. Em janeiro de 2000, o Yahoo foi avaliado em US$ 125 bilhões, e dezessete anos depois foi vendido para a Verizon Communications por US$ 4,48 bilhões. Disponível em: <www.nytimes.com/2017/06/13/technology/yahoo-verizon-marissa-mayer.html>. Acesso em: 6 jun. 2018.

15. Disponível em: <www.statista.com/statistics/267819/nokias-net-sales-since-1999>. Acesso em: 12 jun. 2018.

16. Disponível em: <www.statista.com/statistics/643104/us-digital-camera-sales-to-dealersl>. Acesso em: 13 jun. 2018.

17. Disponível em: <www.forbes.com/sites/stevenbertoni/2017/08/31/tinder-hits-3-billion-valuation-after-match-group-converts-options/#57e6727334f9>. Acesso em: 10 jun. 2018.

**18.** Disponível em: <https://www2.deloitte.com/insights/us/en/deloitte-review/issue-16/employee-engagement-strategies.html>. Acesso em: 13 jul. 2018.

## Capítulo 3

**19.** Disponível em: <https://en.wikipedia.org/wiki/Volatility,_uncertainty,_complexity_and_ambiguity>. Acesso em: 15 jun. 2018.

## Capítulo 4

**20.** Disponível em: <https://w3techs.com>. Acesso em: 15 jun. 2018.

**21.** Disponível em: <https://techcrunch.com/unicorn-leaderboard>. Acesso em: 15 jun. 2018.

**22.** Disponível em: <https://automattic.com/about>. Acesso em: 15 jun. 2018.

**23.** Tradução livre, adaptada do original disponível em: <https://automattic.com/creed>. Acesso em: 16 jul. 2018.

**24.** No atletismo, *sprints* são corridas curtas, com até 400 metros.

**25.** Disponível em: <www.mckinsey.com/industries/financial-services/our-insights/ings-agile-transformation>. Acesso em: 15 jun. 2018.

**26.** Disponível em: <http://m.folha.uol.com.br/tec/2009/07/599139-amazon-compra-site-de-vestuario-zappos-por-us-928-milhoes.shtml>. Acesso em: 15 jun. 2018.

**27.** Disponível em: <www.economist.com/news/finance-and-economics/21731160-approach-came-unstuck-crisis-has-provided-foundation>. Acesso em: 15 jun. 2018.

**28.** Eric Schmidt disse isso em uma entrevista para o canal Masters of Scale, cujos áudio e transição (em inglês) estão disponíveis em: <https://mastersofscale.com/eric-schmidt-innovation-managed-chaos>.

## Capítulo 5

**29.** Disponível em: <https://jobs.netflix.com/culture>. Acesso em: 20 jun. 2018.

**30.** Disponível em: <www.fastcompany.com/50106/inside-mind-jeff-bezos-5>. Acesso em: 20 jun. 2018.

**31.** Você pode aprender mais sobre a metodologia com um de seus autores, Jeff Sutherland em seu livro *Scrum: a arte de fazer o dobro do trabalho na metade do tempo* (2014).

**32.** Você pode conferir a história do manifesto (em inglês), disponível em: <http://agilemanifesto.org/history.html>. Acesso em: 20 jun. 2018.

## Capítulo 6

**33.** Disponível em: <http://media.folha.uol.com.br/cotidiano/2017/11/01/uber-drivers-of-disruption.pdf>. Acesso em: 20 jun. 2018.

**34.** Disponível em: <http://media.folha.uol.com.br/cotidiano/2017/11/01/uberversopreliminar-1.pdf>. Acesso em: 20 jun. 2018.

**35.** Disponível em: <www.nytimes.com/2016/07/27/business/dealbook/1-billion-for-dollar-shave-club-why-every-company-should-worry.html>. Acesso em: 20 jun. 2018.

## Capítulo 7

**36.** Disponível em: <www.youtube.com/watch?v=-Q4rQDN6Z4s>. Acesso em: 25 jun. 2018.

**37.** Disponível em: <https://techcrunch.com/2017/06/01/the-meeting-that-showed-me-the-truth-about-vcs>. Acesso em: 25 jun. 2018.

**38.** ARKES, H. R.; BLUMER, C. The psychology of sunk costs. *Organizational Behavior and Human Decision Processes*. 1985.

## Capítulo 8

**39.** GROVE, Andrew. *Só os paranoicos sobrevivem:* Como tirar melhor proveito das crises que desafiam. 1 ed. [S.l.]: Futura, 1997.

**40.** Disponível em: <https://hbr.org/2004/04/the-ambidextrous-organization>. Acesso em: 20 jun. 2018.

**41.** BAGHAI, Mehrdad; WHITE, David; COLEY, Stephen. *The Alchemy of Growth:* Practical Insights for Building the Enduring Enterprise. Nova York: Basic Books, 2000.

## Capítulo 9

**42.** Disponível em: <www.ted.com/talks/bill_gross_the_single_biggest_reason_why_startups_succeed>. Acesso em: 15 jun. 2018.

## Capítulo 10

**43.** EISENHOWER, Dwight D. *Public papers of the presidents.* Ann Arbor: University of Michigan Library, 2005. 818 p. Disponível em: <https://quod.lib.umich.edu/p/ppotpus/4728417.1957.001/858?rgn=full+text;view=image>. Acesso em: 25 jun. 2018.

**44.** Disponível em: <www.gv.com/sprint>. Acesso em: 25 jun. 2018.

## Capítulo 11

**45.** Disponível em: <https://jamesaltucher.com/2014/05/the-ultimate-guide-for-becoming-an-idea-machine>. Acesso em: 25 jun. 2018.

## REFERÊNCIAS BIBLIOGRÁFICAS

ARKES, H. R.; BLUMER, C. The psychology of sunk costs. *Organizational Behavior and Human Decision Processes*. 1985.

BAGHAI, Mehrdad et. *The Alchemy of Growth*: Practical Insights for Building the Enduring Enterprise. [S.l.]: Paperback, 2000.

BEZOS, Jeff. *A loja de tudo*. São Paulo: Intrínseca, 2014.

BLANK, Steve G. *Do sonho à realização em 4 passos*. São Paulo: Évora, 2012.

CHRISTENSEN, Clayton M.; HALL, Taddy; DILLON, Karen; DUNCAN, David S. *Muito além da sorte*. São Paulo: Bookman, 2017.

CHRISTENSEN, Clayton M. *O crescimento pela inovação*. São Paulo: Campus, 2003.

CHRISTENSEN, Clayton M. *O dilema da inovação*. São Paulo: M. Books, 2018.

COLLINS, Jim. *Empresas feitas para vencer*. São Paulo: Campus, 2013.

DORF, Bob; BLANK, Steve. *Startup: manual do empreendedor*. São Paulo: Elsevier/Alta Books, 2014.

DRUCKER, Peter F. *The Practice of Management*. Nova York: Harper Collins, 1954.

EISENHOWER, Dwight D. *Public papers of the presidents*. Ann Arbor: University of Michigan Library, 2005. 818 p. Disponível em: <https://quod.lib.umich.edu/p/ppotpus/4728417.1957.001/858?rgn=full+text;view=image>. Acesso em: 25 jun. 2018.

GROVE, Andrew. *Só os paranoicos sobrevivem:* Como tirar melhor proveito das crises que desafiam. 1 ed. [S.l.]: Futura, 1997.

ISMAIL, Salim; GEEST, Yuri Van; MALONE, Michael S. *Organizações exponenciais.* São Paulo: HSM, 2015.

KAHNEMAN, Daniel. *Rápido e devagar.* São Paulo: Objetiva, 2012.

OSTERWALDER, Alexander; PIGNEUR, Yves. *Inovação em modelos de negócios – Business model generation.* São Paulo: Elsevier/Alta Books, 2011.

RIES, Eric. *A startup enxuta.* São Paulo: Leya Brasil, 2012.

SINEK, Simon. *Por quê? Como grandes líderes inspiram ação.* São Paulo: Saraiva, 2009.

THIEL, Peter. *De zero a um.* São Paulo: Objetiva, 2014.